D1683480

Militär, Rüstung, Sicherheit

herausgegeben von Dieter S. Lutz

MRS   Band 58

CIP-Titelaufnahme der Deutschen Bibliothek

Hagena, Hermann:
Tiefflug in Mitteleuropa: Chancen und Risiken offensiver Luftkriegsoperationen / Hermann Hagena. – 1. Aufl. Baden-Baden: Nomos Verl.-Ges., 1990
  (Militär, Rüstung, Sicherheit; Bd. 58)
  ISBN 3-7890-1914-3
NE: GT

1. Auflage 1990
© Nomos Verlagsgesellschaft, Baden-Baden 1990. Printed in Germany. Alle Rechte, auch die des Nachdrucks von Auszügen, der photomechanischen Wiedergabe und der Übersetzung, vorbehalten.

Hermann Hagena

Tiefflug in Mitteleuropa

Chancen und Risiken offensiver Luftkriegsoperationen

Nomos Verlagsgesellschaft
Baden-Baden

Inhaltsverzeichnis

1 Einleitung. Das Tiefflugdilemma   7

2 Was ist Tiefflug? Rechtsgrundlagen, Umfang, Beschränkungen   10

3 Verwaltungsgerichte und Tiefflug. Zwei erstinstanzliche Urteile der VG Oldenburg und Darmstadt   14

4 Das Einsatzkonzept der NATO-Luftstreitkräfte. Die Begründung von NATO und Luftwaffe für die Notwendigkeit von Tiefflügen   17

5 Was wird im Tiefflug eigentlich geübt? Navigation im Tiefflug. Angriff im Tiefflug. Tiefstflug und Einhalten der Mindesthöhe   22

6 Die Risiken des Tieffluges. Unabsichtliche Bodenberührung. Luftkampf im Tiefflug. Vogelschlag. Auswirkungen von technischen Störungen. Kollisionen im Tiefflug. Tiefflug hat seinen Preis   25

7 Die Luftverteidigung des Warschauer Paktes gegen Tiefflieger. Eine Argumentationshilfe der FAZ. Luftverteidigung und Truppenluftabwehr. Moderne Systeme. Große Überlegenheit an Jägern. Look-Down-Shoot-Down. Die Möglichkeiten von Frühwarn- und Leitflugzeugen   29

8 Aus der Luftkriegsgeschichte lernen? Der 6-TageKrieg 1967. Yom-Kippur 1973. Beka'a-Tal 1982. Luftkrieg in Nord-Vietnam 1966-1972. Falkland 1982. Afghanistan 1979-1989. Libyen 1988   32

9 Bilanz der Erfahrungen aus dem Luftkrieg   52

10 Offensiver Luftkrieg gegen feindliche Luftstreitkräfte (Offensive Counter Air - OCA) Das Kräfteverhältnis und seine Bedeutung. Ziele, Entfernungen, Einsatzverfahren. Tactical Air Meet 1988 Die NATO übt OCA. Zerstören oder Lähmen. Möglichkeiten des Verteidigers   54

11 Kampf gegen Landstreitkräfte in der Tiefe des Raums. Historische Erfahrungen mit Abriegelungseinsätzen. Auch bei großer Überlegenheit Abriegelungserfolg nur eingeschränkt. Die Bedeutung von Allwetterkampffähigkeit   64

12 Exkurs: Grundsätzliche Zweifel an der Taktik des Tieffluges. Zwei Studien und ihre Argumente   69

13 Exkurs: Das sowjetische Frühwarnflugzeug MAINSTAY Technische Möglichkeiten. Vergleich mit NATO. Verwundbarkeit   73

14 Überlegenheit durch Offensive - geht die Rechnung auf? Überraschung. Raum, Zeit und Kräfte. Qualität. Bewaffnung und Ausbildung. Der Schutz durch Begleitjäger. Unbekannte Einflußgrößen. Frühwarn- und Leitkapazitäten und ELOKA. Die Chancen des offensiven Kampfes gegen das gegnerische Luftkriegspotential mit dem Ziel zeitlich und örtlich begrenzter Luftüberlegenheit über feindlichem Territorium sind eher gering   76

15 Tiefflug und Rüstungkontrolle. Luftstreitkräfte und Invasionsfähigkeit. Geringes Bedrohungsprofil? Die Betrachtung aus der Sicht des Gegners. Einschränkung der offensiven Tiefflugkomponente als Signal für Gegner und eigene Bevölkerung. Die Entwicklung in Wien   92

16 Grundlinien einer neuen Konzeption. Behutsames Vorgehen. Zeitpunkt für konzeptionellen Neuansatz günstig. Militärische, innenpolitische und rüstungskontrollpolitische Gründe sprechen für eine künftige Betonung der Defensive. Kein völliger Verzicht auf Tiefflug. Die Rüstungsplanung der Luftwaffe liegt im Trend (Kampfwertsteigerung F-4, Jäger 90, Patriot und Roland)   95

Einleitung*

Sieht man einmal von der Nachrüstungsdebatte ab, hat kein anderes militärisches Thema die Öffentlichkeit so bewegt wie der Tiefflug über dem Gebiet der Bundesrepublik Deutschland. Mit empörten Anrufen und Briefen entnervter Bürger begann es. Abgeordnete und Kommunalpolitiker schlossen sich den Protesten an, und Bürgerinitiativen gegen den Tiefflug bildeten sich, wo immer die Phantom und Tornado, die F-16 und Mirage in niedriger Höhe am Himmel auftauchten.
Demonstrationen gab es und Kirchengeläut, die Presse bemächtigte sich des Themas und fand den Tiefflug sinnlos oder auch friedenserhaltend, je nach politischem Standort. Einen vorläufigen Höhepunkt erreichte die Tiefflugdebatte in der Bundfesrepublik nach den schweren Unglücksfällen von Ramstein und Remscheid 1988, obwohl an beiden die deutsche Luftwaffe nicht beteiligt war und es sich auch nicht um Tiefflugübungen handelte. Der SPIEGEL machte auf »Tiefflug ist Mißhandlung« und bei »rororo« erschien ein Taschenbuch über den »täglichen Angriff« der Tiefflieger auf die Bürger.[1]
Der Zorn des Volkes richtete sich inzwischen nicht mehr primär auf die politische und militärische Führung, die den Tiefflug letztlich zu verantworten hatten, sondern zunehmend auf die fliegenden Besatzungen, gelegentlich sogar auf ihre Familien. Es konnte nicht verwundern, daß die Betroffenen sich zur Wehr setzten. Das Organ der Piloten und Kampfbeobachter, die »jet-news«, bezeichnete den Tiefflug in ihrer ersten Nummer als »Bürgerauftrag an Bürger« und forderte in einem Memorandum von den Verantwortlichen »klare Aussagen« und »konsequentes Handeln«.[2]
Die Zahl der Bürger jedoch, die sich noch zu dem Auftrag bekennen wollte, militärischen Tiefflug wie bisher zu üben, schaffte nach einer Umfrage Fe-

---

* Die Arbeit stützt sich auf offene Quellen; Herrn Oberstleutnant *Nolte*, Leiter des Fachzentrums Dokumentation an der Führungsakader Bundeswehr, bin ich für seine Unterstützung bei der Recherche, die noch während meiner aktiven Dienstzeit erfolgte, zu Dank verpflichtet.

1 Achilles, Olaf und Jochen Lange: *Tieflieger. Vom täglichen Angriff auf die Bürger. Daten, Fakten, Hintergründe.* Reinbek bei Hamburg, 1989. – Ein Taschenbuch, das aus der Perspektive der Tiefluggegner geschrieben wurde. Im Abschnitt »Wozu sind Kampfflugzeuge da« (S.55 ff.) sind die Autoren offensichtlich überfordert.

2 jet-news 1/89 (Organ des Bundessprecherrats der Gemeinschaft der Besatzungen strahlgetriebener Kampfflugzeuge); erscheint dreimonatlich in Klosterlechfeld.

bruar 1989 nur noch knapp den Sprung über die 5%-Hürde. Die ganz überwiegende Mehrheit plädierte für Reduzierung, Einstellung oder zeitweises Aussetzen der Tiefflugübungen.

Der Protest blieb nicht auf Bürger, Bürgerinitiativen und oppositionelle Parteien beschränkt. 1986 klagten drei kommunale Schulträger mit Sitz in einem der sogenannten »Tiefflugebiete 250 Fuß« vor dem Verwaltungsgericht Oldenburg mit dem Antrag, die Bundeswehr zu verurteilen, über ihrem Gebiet keine militärischen Übungsflüge unterhalb der in § 6 der Luftverkehrsverordnung vorgeschriebenen Mindestsicherheitshöhe mehr durchzuführen. Mit Urteil vom 22. März 1989 gab die erste Instanz den Klägern recht.[3] Weniger Monate vorher hatte der Betreiber eines Krankenhauses in einem Verfahren vor dem Verwaltungsgericht Darmstadt ein Urteil erstritten, das der Bundeswehr untersagte, sein Krankenhaus unterhalb einer Höhe von 450 m zu überfliegen.[4] Auch dieses Urteil ist noch nicht rechtskräftig. Die Frage der Rechtmäßigkeit der heutigen Tiefflugpraxis wird die Gerichte also weiter beschäftigen.

Mindestens ebenso schwer wiegt der Dissens zwischen der Führung der Luftwaffe und den verantwortlichen Politikern. Die Luftwaffe sieht sich »am Ende der Fahnenstange«, was die Möglichkeit weiterer Verringerung des Tieffluges angeht. Sie sähe in einem solchen Fall nicht nur die Einsatzbereitschaft, sondern auch die Flugsicherheit gefährdet. Kurzfristig schlägt sie eine bessere Verteilung der Tiefflüge in der Bundesrepublik vor; außerdem untersucht sie die Möglichkeit verbesserter Tiefflugsimulatoren. Auch die Möglichkeit weiteren »Lärmexports« wird geprüft, obwohl die Abwesenheitsrate der fliegenden Besatzungen schon heute an der Grenze des Zumutbaren liegt.

Die verantwortlichen Politiker wollen dagegen den Tiefflug und die damit verbundene Lärmbelästigung der Bevölkerung deutlich und substantiell reduzieren. In Abstimmung mit den Alliierten ist es dem deutschen Bundesverteidigungsminister gelungen, im September 1989 erste Maßnahmen bekanntzugeben: die Herabsetzung der Tiefflugggeschwindigkeit von 450 auf 420 Knoten, die Halbierung des Ausbildungsflugbetriebes in den »Tiefflugebieten 250 Fuß« und größere Höhen für Abfangübungen, um nur die wichtigsten zu nennen. Das alles ist eine beträchtliche Entlastung für die Bevölkerung. Problematisch ist jedoch, daß damit der Übungsflugbetrieb sich weiter von der im Einsatz zu fordernden Realität entfernt, was Flughö-

---

3 Neue Juristische Wochenschrift (NJW) 89, 1942.
4 NJW 88, 3170.

hen und Geschwindigkeiten angeht, ohne daß der Auftrag der Luftwaffe geändert oder modifiziert worden ist.

Diese Arbeit verfolgt zwei Anliegen. Einmal soll die Diskussion über ein taktisches Verfahren und seine Auswirkungen – Tiefflug und Tieffluglärm – auf das zugrundeliegende Konzept des offensiven Luftkrieges ausgedehnt und damit versachlicht werden. Dabei geht es vor allem um folgende Fragen:
- Ist ein erfolgreiches Eindringen in den feindlichen Luftraum bei Verzicht auf den Tiefflug heute und in absehbarer Zeit möglich? Diese Frage stand bisher im Mittelpunkt der Auseinandersetzung.
- Kann die offensive Luftkriegführung durch die Taktik des Tieffluges ihre Ziele erreichen? Dabei sind zu berücksichtigen das Kräfteverhältnis, die feindliche Luftverteidigung und ihre Möglichkeiten, der Faktor Überraschung, die Verwundbarkeit der Ziele, die Entwicklung der Technik, aber auch die Erfahrungen, die Luftstreitkräfte mit der Einsatzart Tiefflug und mit offensiven Operationen in der Vergangenheit gemacht haben.
- Gibt es Alternativen zum derzeitigen Einsatzkonzept, die sich auf die heutige Übungspraxis nach Umfang und Form (also insbesondere Höhe, Geschwindigkeit und Dauer der Tiefflüge wesentlich auswirken?

Schließlich: wie paßt das auf Tiefflug gestützte Einsatzkonzept von NATO und Luftwaffe in den Kontext der Bemühungen um konventionelle Abrüstung, Abbau von Angriffsfähigkeit und ein System gegenseitiger Sicherheit?

Eine *sichere* Antwort auf die Frage, wie ein Verteidiger seine Kräfte in einem künftigen Luftkrieg am besten einsetzen sollte, und ob er dabei ganz oder doch weitgehend auf offensive Elemente verzichten kann, ist naturgemäß nicht möglich. Wer für die Zukunft plant, muß Ungewißheit in Kauf nehmen. Es kann nur darum gehen, das zu finden, was Clausewitz[5] als das »Gesetz des Wahrscheinlichen« bezeichnet hat. In diesem Sinne versteht sich diese Untersuchung als ein Beitrag zum besseren Verständnis der Tiefflugproblematik für interessierte Bürger, politisch Verantwortliche und Journalisten, aber auch und vor allem als Anregung für die Soldaten, die auf nationaler oder Bündnisebene mit konzeptionellen Fragen der Luftkriegführung befaßt sind.

---

5 »Ein großer Teil der Nachrichten, die man im Kriege bekommt, ist widersprechend, ein noch größerer ist falsch und bei weitem der größte einer ziemlichen Ungewißheit unterworfen. Was man hier vom Offizier fordern kann, ist ein gewisses Unterscheiden, was nur Sach- und Menschenkenntnis und Urteil geben können. Das Gesetz des Wahrscheinlichen muß ihn leiten.« Carl von Clausewitz, *Vom Kriege,* 16. Auflage, Bonn 1952, S. 156.

2 Was ist Tiefflug?[6]

Ginge es allein nach dem § 6 der Luftverkehrsordnung, gäbe es das Problem des Fluglärms nicht. Dieser legt nämlich fest, daß Flugzeuge eine *Sicherheitsmindesthöhe* einzuhalten haben. Darunter versteht die Verordnung eine Höhe, bei der weder eine unnötige Lärmbelästigung noch im Falle einer Notlandung eine unnötige Gefährdung von Personen oder Sachen zu befürchten ist. Grundgedanke ist; je mehr Lärm ein Flugzeug verursacht, umso höher muß es fliegen.
Jedoch haben Bundeswehr und die aufgrund völkerrechtlicher Verträge hier stationierten Truppen das Recht, von den Bestimmungen des Luftverkehrsgesetzes und den zu seiner Durchführung erlassenen Vorschriften abzuweichen, soweit dies zur Erfüllung ihrer besonderen Aufgaben erforderlich ist. Die öffentliche Sicherheit und Ordnung muß freilich auch im Falle des Abweichens berücksichtigt werden. Das ergibt sich aus § 30 des Luftverkehrsgesetzes.
Weitergehende Regelungen enthält das Zusatzabkommen zum NATO-Truppenstatut (Art. 46). Danach hat eine NATO-Truppe das Recht, die zur Erfüllung ihrer Verteidigungsaufgabe nötigen Übungen im Luftraum durchzuführen. Sie hat sich dabei an die deutschen Vorschriften über die Benutzung des Luftraums zu halten. Der gleiche Artikel legt fest, daß die normale Mindesthöhe, die nur in besonders vereinbarten Gebieten unterschritten werden darf, in der Bundesrepublik grundsätzlich bei 500 Fuß (etwa 150 m) liegt.
In der Bundesrepublik fliegen neben der Bundeswehr auch Flugzeuge der hier stationierten Luftstreitkräfte der Vereinigten Staaten, Großbritanniens und Kanadas; in geringerem Umfang auch Franzosen, Belgier, Dänen und Niederländer. Die Tatsache, daß Flugzeuge aus vielen NATO-Ländern bei uns üben, ist als wesentlicher Beitrag zur Abschreckung zu sehen. Die internationale Präsenz signalisiert einem potentiellen Gegner die Bereitschaft zur Teilung des Risikos. Sie ist also keine Mißachtung unserer Souveränität, sondern soll im Gegenteil diese vor einer möglichen Bedrohung schützen.

---

6 Vgl. dazu und insbesondere zu den Maßnahmen zur Reduktion der Fluglärmbelastung Manfred S. Purucker, *Im Zielkonflikt zwischen Umwelt und Einsatznähe.* Truppenpraxis 6/1988, S. 588 ff. Oberst i.G. Purucker ist Referatsleiter Flugbetrieb, Flugsicherung und Flugsicherheit im Führungsstab der Luftwaffe.

Nicht zuletzt ist der Kampfwert der alliierten Luftstreitkräfte entscheidend davon abhängig, daß sie ausreichend Gelegenheit haben, mit allen anderen Verbündeten in einem Teil ihres künftigen Einsatzraumes so realitätsnah wie möglich zu üben.

Den *Umfang* des Flugbetriebes der verbündeten Luftstreitkräfte kann der Bundesminister der Verteidigung nur in den »Tieffluggebieten 250 Fuß« durch die Zuteilung von Nutzungsquoten steuern. Im übrigen bestehen für die Alliierten keinerlei Einschränkungen außer der Beachtung der deutschen gesetzlichen Vorschriften und der einschlägigen Flugbetriebsbestimmungen. So zeigt den auch die folgende Tabelle, daß die Verbündeten zwischen 1980 und 1988 ihr Tiefflugaufkommen leicht gesteigert haben, während die Luftwaffe ihre über der Bundesrepublik Deutschland geflogenen Tiefflugstunden nahezu halbiert hat. Das Gesamtaufkommen wurde dadurch um etwa 25 % reduziert.

Tabelle 1

Tiefflüge in Stunden über der Bundesrepublik Deutschland

	Bundeswehr	Alliierte	Gesamt
1980	45.000	43.000	88.000
1986	24.000	44.000	68.000
1988	22.000	45.000	67.000

Der drastischen Verringerung der Tiefflugstunden der Luftwaffe im Inland steht ein nur geringer Aufwuchs der im Ausland geflogenen Stunden gegenüber. Das zeigt die folgende Tabelle, die der Antwort der Bundesregierung auf eine kleine Anfrage der GRÜNEN vom 22.12.1988 entnommen ist. Wegen des unterschiedlichen zeitlichen Bezugsrahmens lassen sich nur Tendenzen erkennen.

Bei diesen Zahlen muß berücksichtigt werden, daß die besonders lärmintensive Schieß- und Waffenausbildung seit vielen Jahren von dem NATO-Flugplätzen Decimomannu in Sardinien und Beja in Portugal aus betrieben wird (mit den aus der Tabelle ersichtlichen Stundenanteilen), während der einsatznahe taktische *Tiefstflug* in Höhen von 30 m ausschließlich in Kanada geübt wird.

Geplant ist eine weitere Entlastung der deutschen Bevölkerung durch die Einrichtung eines taktischen Waffenausbildungszentrums der NATO im Ausland. Überhaupt beweist das Verhalten der Alliierten, daß sie für die deutschen Sorgen durchaus Verständnis haben.

Tabelle 2

Tiefflüge in Stunden der Luftwaffe im Ausland

	1984	1985	1986	1987
Niederlande (1000')	2.900	2.400	2.850	3.670
Frankreich	910	975	1.200	1.280
Dänemark	1.950	2.100	2.020	1.100
Belgien	520	625	560	650
Türkei	-	615	-	600
Großbritannien	-	-	-	70
Kanada (Goose Bay)	2.500	3.500	4.000	4.200
Portugal (Beja)	5.000	3.800	4.200	3.800
Italien (Deci)	2.000	3.500	3.130	3.000
Gesamtstunden:	17.150	18.235	18.810	19.470

Tiefflüge in der Bundesrepublik Deutschland sind an bestimmte Zeiten gebunden. Bei Tag ist Tiefflug in der Zeit von 7 bis 17 Uhr erlaubt. An Samstagen Sonntagen und allen gesetzlichen Feiertagen findet kein Tiefflug statt. Der normale Flugbetrieb endet ebenfalls um 17 Uhr. Da die fliegenden Besatzungen für den *Nachtflug* geschult werden müssen, werden auf besonders festgelegten Routen in begrenztem Umfang Nachttiefflüge durchgeführt. Diese Routen sind in einem System zusammengefaßt, das unter Aussparung dichtbesiedelter Gebiete sowohl den Interessen der Ausbildung als auch der Belastung der Bevölkerung soweit wie möglich Rechnung tragen soll. Wo die völlige Aussparung von Ortschaften nicht möglich ist, wird wenigstens durch Anhebung der Mindestflughöhe auf 300 m über Grund versucht, die Lärmbelastung der Bevölkerung im Rahmen des Zumutbaren zu halten.

Über *Ausnahmeregelungen* für den Tiefflug oder den Nachttiefflug im Rahmen von Übungen oder Manövern wird die Bevölkerung rechtzeitig unterrichtet. Bei solchen Übungen kann das Volumen der Tiefflüge ebenso anschwellen wie bei bestimmten Wetterlagen, weil aus Flugsicherheitsgründen Tiefflüge an Sichtflugbedingungen gebunden sind. Solche Wetterbedingungen sind statistisch gesehen in unseren Breiten nur an 110 bis 140 Tagen gegeben. Schönwetterperioden müssen für die fliegerische Ausbildung intensiv genutzt werden.

Festzuhalten bleibt: der in den letzten Jahren erheblich reduzierte Anteil der Luftwaffe am Tiefflug beträgt nur etwa ein Drittel des Gesamtaufkommens an Tiefflugstunden. Weitere Kürzungen der Luftwaffe würden die Gesamtbelastung nur unwesentlich verändern, solange die Alliierten ihren Tiefflugbetrieb nicht gleichfalls einschränken.

Ungeachtet aller Einschränkungen einschließlich der im September 1989 beschlossenen Maßnahmen wird weiter in beträchtlichem Umfang über der Bundeserepublik tiefgeflogen, allerdings nicht so tief, so schnell und unter den Wetterbedingungen, wie es im Ernstfall notwendig wäre.

Mit weiteren Einschränkungen oder gar substantiellen Kürzungen ist nicht zu rechnen, *solange* die aus dem Einsatzkonzept abgeleiteten taktischen Grundsätze, die den Tiefflug bedingungen, unverändert fortbestehen, weil anders die Erfüllung der offensiven Komponenten des Auftrages in seiner jetzigen Form nicht glaubwürdig gewährleistet werden kann. Über diese Einsatzgrundsätze wird noch ausführlich zu reden sein. Zunächst sollen jedoch die Probleme der *rechtlichen Zulässigkeit* des Tiefflugs erörtert werden.

3 Verwaltungsgerichte und Tiefflug[7]

Wie einleitend erwähnt, befassen sich inzwischen auch die Verwaltungsgerichte mit der Zulässigkeit des Tieffluges. Rechtlich geht es dabei um zwei Fragen:
- Dürfen Bundeswehr und in der Bundesrepublik stationierte Truppen der alliierten Staaten aufgrund des § 30 Luftverkehrsgesetz *ohne weiteres* von den Bestimmungen z.B. des § 6 der Luftverkehrsordnung abweichen, also etwa dort festgelegte Mindesthöhen unterschreiten? Hat also der § 30 LuftVG den Charakter eines generellen Sonderdispenses? Oder bedarf es hierfür einer Erlaubnis, die in Form eines Verwaltungsaktes zu erteilen ist, an dem Betroffene mitwirken können und gegen den dann weitere Rechtsmittel möglich sind? Das ist die grundsätzliche Verfahrensfrage, die das Verwaltungsgericht Oldenburg zugunsten der Kläger entschieden hat.
- *Davon zu trennen ist die materielle Frage: unter welchen konkreten Voraussetzungen wäre eine Ausnahmeerlaubnis für Bundeswehr und alliierte Streitkräfte zu erteilen, d.h. wann ist ein Unterschreiten der Mindestflughöhen zur Erfüllung der Verteidigungsaufgabe und unter angemessener Berücksichtigung der öffentlichen Sicherheit und Ordnung *erforderlich?*

Das Verwaltungsgericht Oldenburg hat in seiner Entscheidung vom 22. März die zweite Frage auf sich beruhen lassen. Es hat allerdings ausgeführt, daß ein Erlaubnisverfahren »möglicherweise« mit einem positiven Ergebnis enden könnte, hält also ein solches Ergebnis keineswegs für sicher. Auch ist nach Auffassung des Gerichtes nicht erkennbar, *wann* ein Verwaltungsverfahren mit einer Entscheidung enden könnte.

Sollte dieses Urteil von den Obergerichten bestätigt werden, wären die Folgen beträchtlich. Einmal wäre der Kreis der im Erlaubnisverfahren anzuhörenden Beteiligten sehr groß. Nach Erteilung der Erlaubnis könnte gegen den entsprechenden Verwaltungsakt mit einer Reihe von rechtlichen Schritten vorgegangen werden. Die Erlaubnisentscheidung der Behörden müßte dann von den Verwaltungsgerichten darauf geprüft werden, ob das Unterschreiten der Mindestflughöhe wirklich »erforderlich« ist und ob die Be-

---

7 Die besprochenen Entscheidungen sind in Anm. 3 und 4 zitiert.

lange der öffentlichen Sicherheit und Ordnung angemessen berücksichtigt wurden. Wie auch immer ein solches Verfahren ausginge, es würde vermutlich mehrere Jahre in Anspruch nehmen. Darauf deutet auch die Länge des Verfahrens vor dem Verwaltungsgericht Darmstadt hin.

In diesem Rechtsstreit ging es nicht wie in Oldenburg um die Zulässigkeit der Einrichtung eines größeren Tiefflugsgebietes, sondern nur um die Rechtmäßigkeit der Überflüge eines Krankenhauses, die dessen Betreiber nicht dulden wollte. Im Unterschied zu ihren Oldenburger Kollegen griffen aber die Darmstädter Richter die materielle Frage auf: welche Sicherheitsmindesthöhe ist von Strahlflugzeugen der Bundeswehr *im Frieden* über dem Gebiet der Bundesrepublik Deutschland einzuhalten, und welche Abweichungen sind gegebenenfalls erforderlich oder zwingend notwendig?

Das Gericht hat zunächst die Notwendigkeit von Tiefflügen im Verteidigungsfall und auch eine dafür notwendige Ausbildung grundsätzlich anerkannt. Es hat dann aber weiter argumentiert, daß Ausbildungsflüge *nicht in der gleichen Weise erfolgen müssen* wie im Spannungs- oder Verteidigungsfall. »Die Bundeswehr selbst gibt ... zu erkennen, daß die Herstellung und Aufrechterhaltung der Einsatzbereitschaft der Luftwaffe nicht davon abhängt, daß überall im Bundesgebiet militärische Tiefflüge in der Art und Weise durchgeführt werden, wie dies im Kriegsfall möglicherweise erforderlich ist.« Auch hinsichtlich des *Umfangs* der Tiefflugausbildung gibt sich das Gericht skeptisch und weist auf widersprüchliche Bedarfsberechnungen hin. Ein Gutachter habe den Gesamtbedarf an Tiefflugstunden mit 74.000 Stunden angegeben, die beklagte Bundeswehr ihn mit 57.000 beziffert, während tatsächlich (das Bezugsjahr ist nicht genannt) nur 44.000 Stunden geflogen worden seien.

Schließlich zieht das Gericht zur Begründung seiner Entscheidung eine Aussage aus einer Broschüre des Bundesministers der Verteidigung »Bundeswehr und Umweltschutz« heran, aus der es entnimmt, daß Tiefflug nicht nur im untersten, sondern im gesamten Höhenband von 150 bis 450 m geübt wird. Das beweise, so das Gericht, daß Tiefflug auch im Höhenband von 300 bis 450 m sinnvoll geübt werden könne, um sich mit den in der Bundesrepublik herrschenden klimatischen und geographischen Verhältnissen vertraut zu machen. Für eine solche Auslegung spräche auch die Praxis des NATO-Partners Niederlande.

Festzuhalten bleibt: künftig werden nicht nur Regierungen, Parlamente, Parteien und Bürgerinitiativen, sondern zunehmend auch die Gerichte sich mit der Begründung für die Notwendigkeit von Tief- und Tiefstflügen beschäftigen. In diesem Zusammenhang wird mit einiger Wahrscheinlichkeit auch die Frage erörtert werden, ob die offensiven Komponenten des Einsatzkonzeptes der NATO-Luftstreitkräfte, aus denen sich die Notwendigkeit des Tieffluges ergibt, jetzt und in Zukunft für den Verteidigungsauftrag erforderlich sind.

4 Das Einsatzkonzept der NATO

Die offizielle Begründung der Luftwaffe für die Notwendigkeit von Tiefflügen deckt sich mit der Auffassung der NATO und der übrigen militärisch integrierten Luftstreitkräfte.[8] Das verleiht der Auffassung der Luftwaffe besonderes Gewicht und zeigt zugleich die Grenzen des Handlungsspielraums selbst der Bundesregierung auf. Jedoch sind selbstredend auch Einsatzkonzepte der NATO dem Wandel und der Weiterentwicklung unterworfen. Eine Änderung der deutschen Position würde sehr ernst genommen, nicht nur weil die Bundesrepublik einen großen Teil der in Europa-Mitte eingesetzten Streitkräfte stellt, sondern vor allem. weil sich der größte Teil des Friedensflugbetriebes über der Bundesrepublik Deutschland abspielt.

Strategische Defensive

Der Einsatzauftrag der NATO-Luftstreitkräfte und damit der Luftwaffe ist eingebunden in das strategische Konzept der NATO. Dieses *Defensivkonzept* wird im wesentlichen von folgenden Faktoren bestimmt:
- Der Warschauer Pakt besitzt bei den konventionellen Streitkräften eine erhebliche *zahlenmäßige* Überlegenheit. Bei den Flugzeugen ist das Verhältnis etwa 2:1 (Bei den Wiener Abrüstungsverhandlungen sollen diese sog.»Asymmetrien« beseitigt und für beide Seiten *gleiche Höchststärken* bei allen wichtigen Waffensystemen erreicht werden).
- Die *Initiative* des Angriffs und damit die Möglichkeit zur Überraschung und zur Wahl des Schwerpunktes liegt beim potentiellen Gegner.
- Die geringe Tiefe des eigenen Raumes zwingt die NATO zur Verteidigung soweit *vorne* wie möglich.

Die Strategie der NATO muß versuchen, diese Nachteile auszugleichen. Sie stützt sich dabei wesentlich auf ihre hochpräsenten Luftstreitkräfte als Kampfmittel der ersten Stunde, die folgende Aufgaben haben:
- Defensiver und *offensiver Kampf* gegen feindliche Luftstreitkräfte mit

---

[8] Dieser Abschnitt stützt sich vor allem auf Luftwaffenamt, Pressezentrum der Luftwaffe, o. Az. vom 13.10.1988, Betr.: *Informationshilfen für die Fluglärm- und Tiefflugdiskussion*, mit Anlage Fü L III 4 (o.D.) *»Fragen und Antworten zum Thema Tiefflug«* (zitiert als »Informationshilfen«).

dem Ziel, die zeitlich und örtlich begrenzte Luftüberlegenheit zu erringen (Defensive/Offensive Counter Air)
- Bekämpfen der zweiten strategischen Staffel *in der Tiefe* des Raumes (Air Interdiction, AI) und in der Zuführung auf das Gefechtsfeld (Battlefield Air Interdicition, BAI).
- Unmittelbare Unterstützung eigener Landstreitkräfte in besonderen Lagen.

Insbesondere der offensive Kampf gegen die feindlichen Luftstreitkräfte und der AI-Einsatz erfordern das weite Eindringen im Tiefflug in gegnerisches Gebiet. Warum hält die NATO an diesen offensiven Komponenten der Luftkriegführung fest?

Offensive Komponenten des Luftkriegs

Da ist zunächst die (zur Zeit noch bestehende) zahlenmäßige Unterlegenheit der Landstreitkräfte, die sich einem an Divisionen, Panzern, Schützenpanzern und Artillerie weit überlegenem Gegner gegenüber sehen. Dieser muß daran gehindert werden, immer wieder frische Kräfte heranzuführen, den Kampf also aus der Tiefe zu nähren. Das eigene Heer muß in dem vom Gegner gewählten Schwerpunkt unterstützt werden, es muß auch Bereitstellungen und Bewegungen im rückwärtigem Verteidigungsraum ohne allzu große Beeinträchtigung durch feindliche Luftstreitkräfte durchführen können. Diese Aufgabe kann die Luftwaffe gegen einen überlegenen Gegner nur durchführen, wenn zunächst gegen die feindlichen Luftstreitkräfte die zeitliche und örtliche Luftüberlegenheit erkämpft worden ist. Das wiederum setzt nach den Vorstellungen der Luftwaffe den möglichst schnellen Übergang zur *Offensive* voraus, die durch Ausnutzung von Überraschung und schneller Schwerpunktbildung auch mit *quantitativ unterlegenen Kräften* erfolgreich geführt werden könne. Die Luftwaffe sieht das Ziel von Luftstreitkräften darin, durch offensiven Gebrauch von Luftmacht die *Initiative* wiederzugewinnen und durch nachhaltige Angriffe gegen das Luftangriffspotential des Gegners dessen Offensivkraft zu schwächen. Handlungsfreiheit, die die Luftwaffe für den Kampf gegen die feindlichen Landstreitkräfte braucht, setzt die Erringung einer *günstigen Luftlage* voraus. Die Luftwaffe ist überzeugt, daß der offensive Kampf gegen die feindlichen Luftstreitkräfte mit dem Ziel der Zerstörung oder doch Lähmung ihres Potentials der aufwandswirksamste und zugleich nachhaltigste Weg zum Erreichen einer günstigen Luftlage ist.

Defensive führt zur Niederlage

Die Luftwaffe setzt selbstverständlich nicht ausschließlich auf den Luftangriff. Das zeigt sich schon in den erheblichen Aufwendungen für Fla-Raketen-Systeme wie *Patriot* und *Roland,* mehr noch aber im Projekt des *Jäger 90,* der ganz überwiegend defensive Aufgaben haben wird, allerdings auch eigene Jagdbomber bei offensiven Einsätzen gegen feindliche Jäger schützen soll. Aber zwei wesentliche Annahmen bestimmen das operative Denken der Luftwaffe:
- die ausschließliche Betonung der Defensive führt *immer* zur Niederlage und
- die Rückerlangung der *kriegsentscheidenden Handlungsfreiheit* setzt die Offensive voraus (die wiederum auf Tiefflug in besonderem Maße angewiesen ist).

Die Luftwaffe stellt dabei die Bedrohung durch die Luftverteidigung des Gegners durchaus in Rechnung. Es handelt sich um optisch und radargesteuerte Flugabwehrkanonen, um radar- und infrarotgelenkte Boden-Luft-Flugkörper, um tragbare Abschußgeräte (bekannt geworden vor allem durch den Krieg in Afghanistan) und um Jagdfliegerkräfte, die denen der NATO zahlenmäßig erheblich überlegen sind und die mit den neuesten Typen wie etwa der MiG-29 *Fulcrum* den qualitativen Vergleich nicht zu scheuen brauchen.

Im Tiefflug die Verteidigung überwinden

Der Tief- und Tiefstflug bleibt dennoch nach Auffassung der Luftwaffe das Einsatzverfahren, mit dem die Bedrohung durch die im Verbund eingesetzte, sich mehrfach überlappende Luftverteidigung noch am ehesten überwunden werden kann, um den eigenen Auftrag zu erfüllen und mit großer Wahrscheinlichkeit auf die eigenen Plätze zurückzukehren. Im Tiefflug sollen einmal die physikalischen Eigenschaften des Radars, zum anderen die Reaktionszeiten von Luftverteidigungssystemen zum eigenen Vorteil genutzt werden.

Da sich Radarstrahlen ähnlich wie das Licht geradlinig ausbreiten und natürliche und künstliche Hindernisse nicht durchdringen können, entstehen im hügeligen oder bergigen Gelände und auf weitere Entfernung auch durch die Erdkrümmung Radarschatten, in denen Flugzeuge nicht erfaßt und auch nicht bekämpft werden können. Taucht ein Flugzeug überraschend und mit hoher Geschwindigkeit im Erfassungsbereich der gegnerischen Abwehr auf, reicht die Zeit für Erfassung, Identifizierung und Bekämpfung durch bodengestützte Luftverteidigungssysteme, die auf Radar angewiesen sind, nicht aus.

Möglichkeiten luftgestützter Frühwarnsysteme

Nun gibt es auf beiden Seiten fliegende Frühwarnsysteme. In der NATO wurde zu Beginn der 80er Jahre das Frühwarn- und Leitsystem *AWACS* (Airborne Warning and Control System) eingeführt, um - so Weißbuch 1979 - Radarerfassungslücken in Bodennähe zu schließen. Nach der gleichen Quelle kann *AWACS* Flugziele *in allen Höhenbereichen* bis 500 km Entfernung erfassen, womit die Radarreichweite im gegnerischen Raum um mehr als das zehnfache vergrößert wurde.[9] Die gewonnenen Daten kann *AWACS* an eigene Gefechtsstände weitergeben. Als Leitsystem ist es in der Lage, eigene Jäger an feindliche Ziele heranzuführen.
Zehn Jahre später beurteilte die Luftwaffe die Möglichkeiten fliegender Frühwarnsysteme sehr viel zurückhaltender. Sie weist dadrauf hin, daß auch ein luftgestütztes Radar feste Hindernisse nicht durchdringen kann. In Abhängigkeit von Flughöhe und Entfernung könnten Bodenhindernisse dem tieffliegenden Jagdbomber jedenfalls zeitweise Schutz gewähren. Die Luftwaffe folgert daher, daß die inzwischen auf beiden Seiten im Einsatz befindlichen Frühwarnsysteme von extrem tieffliegenden Objekten nur ein »äußerst lückenhaftes Lagebild« erstellen können.[10]
Auf den möglichen Einfluß fliegender Warn- und Leitsysteme wird bei der Behandlung der gegnerischen Luftverteidigung ebenso ausführlich einzugehen sein wie auf Möglichkeiten und Grenzen gegnerischer Jäger mit Erfassungs- und Schußmöglichkeit aus der Überhöhung (Look-Down-Shoot-Down).

Die Bedeutung von Annahmen

Die Begründung der Luftwaffe für die Notwendigkeit des Tieffluges ist in sich schlüssig, wenn man ihre oben beschriebenen Grundannahmen akzeptiert. Krtiker sollten bedenken, daß jede Beurteilung eines Konzeptes und darauf aufbauender operativer Planungen sich nur zum geringeren Teil auf

---

9   Bundesminister der Verteidigung, Weißbuch 1979, S. 131.
10 Informationshilfen, a.a.O. S. 3.

bekannte Daten und Fakten stützen kann. Soweit Fähigkeiten des Gegners zu bewerten sind, muß in besonderem Maße mit Ungewißheit, aber auch mit Täuschung und Verschleierung gerechnet werden. Der Einsatz der eigenen Kräfte läßt sich im Frieden nur sehr begrenzt üben; Simulationen unterliegen Beschränkungen eigener Art. Das alles führt zu einem hohen Grad an Ungewißheit bei der Beurteilung der Erfolgswahrscheinlichkeit bestimmter Einsatzoptionen.

Kritik sollte also nicht die Redlichkeit oder Gründlichkeit offizieller Auffassungen in Zweifel ziehen, sondern mögliche Schwachstellen im Begründungszusammenhang aufzeigen und auf die zentrale Bedeutung bestimmter Annahmen hinweisen. In diesem Sinne sind die kritischen Fragen an die Konzeption der Luftwaffe zu verstehen:

- Läßt sich die These halten, daß durch Offensive im Luftkrieg auch der Kampf gegen einen deutlich überlegenen Gegner erfolgreicher geführt werden kann als bei einer Beschränkung auf die Defensive? Wie groß darf die Differenz im Kräfteverhältnis sein, damit diese Rechnung aufgeht? Welche anderen Rahmenbedingungen müßten gegeben sein?
- Sind bei der Bewertung des Kräfteverhältnisses die Verluste der NATO durch den angenommenen Erstschlag des Warschauer Paktes gegen die eigenen Flugplätze ausreichend berücksichtigt?
- Ist in Rechnung gestellt, daß ein Teil der eigenen Angriffskräfte zunächst wegen ihrer nuklearen Doppelrolle für konventionelle Operationen nicht zur Verfügung steht?
- Wie werden die neuesten sowjetischen Flugabwehrraketensysteme (SA-8, SA-11 und SA-13), die angeblich auch Ziele unterhalb einer Höhe von 30 m bekämpfen können, in ihrer Wirksamkeit beurteilt?
- Wie wird die Bedrohung durch nicht radarabhängige Waffen (optisch/infrarot) angesichts der Erfahrungen im Nahen Osten und in Afghanistan eingeschätzt?
- Wie sieht die Luftwaffe die Gefährdung ihrer Jagdbomber durch feindliche Jäger, wenn diese durch ein fliegendes Leitsystem geführt werden?

5 Was wird im Tiefflug geübt?

Gegner des Tieffluges fordern immer wieder, wenn denn Tiefflugübungen schon notwendig seien, solle man sie doch in menschenleere Gegenden oder über See verlegen. Die Luftwaffe verweist demgegenüber auf die Notwendigkeit der detaillierten Kenntnis der geographischen und klimatischen Bedingungen in dem zu verteidigenden Raum, die zum eigenen Vorteil genutzt werden könne. Auch wird auf die *vergleichbaren* Bedingungen im Einsatzraum hingewiesen, in dem sich die Tiefflüge überwiegend abspielen würden. Dabei überzeugt der Hinweis auf die klimatischen Besonderheiten des mitteleuropäischen Raumes nur begrenzt, da Tiefflug über dem Gebiet der Bundesrepublik ganz überwiegend nur bei Sichtflugbedingungen geübt wird.

Navigation in niedriger Höhe

Was beim Tiefflug geübt, kann man sich klar machen, wenn man einen Einsatzflug von Start bis zur Landung verfolgt. Zunächst kommt es darauf an, auf einem genau festgelegten Weg ins Zielgebiet zu gelangen, das mehrere hundert Kilometer entfernt liegen kann. Zwar verfügen moderne Flugzeuge meist über mehrere Systeme, die der Besatzung die navigatorische Arbeit während des Fluges abnehmen. Gleichwohl muß sie mitkoppeln, um bei Systemausfällen übernehmen oder – was wichtiger ist – bei leichten Ungenauigkeiten nachsteuern zu können (sog. up-dating). Anflug und Rückflug werden der Besatzung durch die gute Kenntnis des zu durchfliegenden Gebietes naturgemäß sehr erleichtert. Aber auch die Fähigkeit, sich über einem stark gegliederten und meist dicht besiedeltem Gelände im schnellen Tiefflug zurechtzufinden, muß erworben und geübt werden. Sie unterscheidet sich wesentlich von der Navigation in mittleren oder großen Höhen.
Die zweite und lebenswichtige Aufgabe beim Tiefflug: Vermeiden der unabsichtlichen Bodenberührung. Genauso gefährlich sind künstliche Hindernisse wie Schornsteine, Funkmasten, Leitungen oder Fernsehtürme. Bei einem normalen Tiefflug über Norddeutschland oder vergleichbar ebenem Gelände mit zwei oder drei Hindernissen in 500 Fuß Höhe ist diese Aufgabe verhältnismäßig unkompliziert. Ganz anders beim Flug über einer

Mittelgebirgslandschaft, wenn das Flugzeug den Konturen von Bergen und Tälern so genau wie möglich folgen soll. Hier ist vollste Konzentration erforderlich, vor allem bei marginalen Sichtbedingungen.
Von völlig anderer Qualität ist der Tiefstflug in 30m Höhe und bei Geschwindigkeiten im hohen Unterschallbereich. Hier werden die letzten psychischen und physischen Reserven gefordert, vor allem bei längerer Dauer des Fluges. An diese Aufgabe müssen junge Besatzungen allmählich herangeführt werden.

Waffeneinsatz im Tiefflug

Die dritte Aufgabe, die sich der Besatzung stellt, ist das Finden und Identifizieren des Zieles. Je schneller und tiefer man fliegt, desto schwieriger wird das. Bei stationären Zielen wie Brücken oder Flugplätzen können die Bordsysteme »vorprogrammiert« werden (bis hin zur automatischen Waffenauslösung). Beim Einsatz gegen bewegliche Ziele und auch in Abhängigkeit von den jeweils eingesetzten Waffen ist jedoch rechtzeitiger Kontakt mit dem Ziel notwendig. Der Vorteil des extremen Tieffluges wird in dieser Phase zum Nachteil: die Schwierigkeiten der Abwehr, einen schnell und tief fliegenden Angreifer zu erfassen, gelten entsprechend für dessen Besatzung bei der Identifizierung und Bekämpfung von Bodenzielen.
Nicht alle heute üblichen Abwurfwaffen können aus dem Tiefstflug eingesetzt werden. Ein Teil muß aus dem Bahnneigungsflug abgeworfen werden. Diese Taktik erfordert ein Hochziehen bei Erreichen des Zielgebietes, visuelles Erfassen des Zieles und Auslösen der Waffen aus dem Sturzflug. Man kann mit diesem Verfahren eine gute Treffwahrscheinlichkeit erreichen. Es hat aber den großen und nicht behebbaren Nachteil, daß ausgerechnet in der Nähe der meist besonders intensiv verteidigten Ziele der schützende Tiefflug aufgegeben werden muß. Diese Art von Angriff, bei der der Flugzeugführer seine Aufmerksamkeit zwischen Ziel, Einhalten einer sicheren Abfanghöhe und der feindlichen Luftverteidigung aufteilen muß, dürfte zu seinen schwierigsten Aufgaben gehören.

Besondere Tieffluggebiete

Bombenabwurf und scharfer Schuß mit Raketen oder der Bordkanone und die dazu gehörigen Anflugverfahren im Tiefflug können nur auf den wenigen Schießplätzen geübt werden. Nach einigen Einsätzen sind die Besatzungen mit der Umgebung der Plätze so vertraut, daß das Finden der Ziele kein besonderes Problem mehr darstellt. Um diesen Nachteil teilweise zu kompensieren, nutzen die Luftstreitkräfte der NATO die besonders ausgewiesenen Tieffluggebiete (250 Fuß) für den simulierten Zielanflug auf taktische Ziele wie Brücken oder Straßenkreuzungen. Die Anflugphase wird dabei von der Luftwaffe auf das notwendige Minimum beschränkt, sodaß die Gesamtzeit, die von Luftwaffenpiloten über der Bundesrepublik Deutschland in 250 Fuß Höhe geflogen wird, sehr gering ist.

Der ganz überwiegende Teil der Tiefflugstunden über der Bundesrepublik wird dazu benutzt, um bei Sichtbedingungen Navigation in 500 Fuß und unter topographischen Bedingungen, die etwa denen des Einsatzraumes entsprechen, zu üben. Aufbauend auf den dabei erworbenen Fähigkeiten üben die Besatzungen in Kanada den Tiefstflug in Höhen um 30 m. Dieses Argument für den Tiefflug in 500 und 250 Fuß Höhe, die Besatzung allmählich an die echte Einsatzhöhe von 100 Fuß oder 30 m heranzuführen, ist übrigens in der oben besprochenen Entscheidung des VG Darmstadt nicht gewürdigt worden.

6 Risiken des Tiefffluges

Bei der infanteristischen Ausbildung galt früher, daß Schweiß im Frieden Blut im Kriege spart. Bei der Tiefflugausbildung gilt von jeher, daß die besseren Überlebenschancen im Einsatz bereits im Frieden Opfer fordern. Zwar können Verluste an Menschenleben und an Material bei jeder Art von Ausbildungs- und Übungsflugbetrieb auftreten. Bestimmte Risiken gelten aber nur für den Tiefflug oder wirken sich dort besonders aus.
1988 hatte sich das Interesse der Öffentlichkeit nach Abstürzen in der Nähe von Atomkraftwerken und nach dem schweren Unfall beim Flugtag von Ramstein auf die potentiellen Gefahren für die unbeteiligte Bevölkerung konzentriert, die dem Tiefflug angelastet wurden. Der Absturz eines Großflugzeuges vom Typ Boeing 747 über der kleinen schottischen Stadt *Locherbie* zu Jahresende zeigte dann aber deutlich, daß auch die große Höhe eines Flugzeuges im Falle eines Absturzes keinen Schutz bedeutet. Im Gegenteil: man kann argumentieren, daß von abstürzenden Tiefflieger in der Regel weniger Gefahren ausgehen als von Flugzeugen, die in großer Höhe und oft ohne Bodensicht fliegen. Die Route des Tiefffliegers vermeidet Städte und größere Ortschaften; der Pilot navigiert nach Sicht und ist in der Lage, bei Triebwerkausfall vor Betätigung des Schleudersitzes sein Flugzeug auf freies Feld zu lenken (Eine Reihe von Flugzeugführer hat diesen Versuch mit dem Leben bezahlt). Wer in großer Höhe fliegt, hat diese Möglichkeit nur, wenn sein Flugzeug steuerbar bleibt und die Wetterverhältnisse Bodensicht zulassen. Damit soll gewiß nicht behauptet werden, daß von Tiefliegern nicht auch Gefahr für Leib und Leben ausgeht, wenn sie abstürzen. Es handelt sich aber eben nicht um eine spezifisch von tieffliegenden Flugzeugen ausgehende Gefahr.

Spezifische Risiken

Hier sollen die spezifischen Risiken des Tiefffluges angesprochen werden. Zu ihnen zählen die unabsichtliche Bodenberührung im Geradeausflug, der Höhenverlust im Kurvenflug, Vogelschlag, die Auswirkungen von Störfällen im Tiefflug, die Folgen plötzlicher Wetterverschlechterung und der Zusammenstoß mit anderen Flugzeugen.

Genaue Statistiken über Flugunfälle und ihre Ursachen - die sich häufig nicht eindeutig ermitteln lassen - werden als Verschlußsachen behandelt. Aber es unterliegt keinem Zweifel, daß tiefflugbedingte Unfälle auch statistisch relevant sind. So ist einer offenen Quelle[11] zu entnehmen, daß die US Air Force 1985 zehn Unfälle hatte, die auf Tiefflug zurückzuführen waren. 1986 - nachdem die Tiefflughöhen zeitweise *heraufgesetzt* worden waren ging die Zahl der Tiefflugunfälle auf fünf zurück, was einem Anteil von 8 % an den 62 Unfällen in diesem Jahr entsprach.

Hinter der nüchternen Feststellung »kontrollierter Flug in den Boden« können sich wiederum ganz unterschiedliche Ursachen verbergen: kurzfristige Ablenkung oder Unaufmerksamkeit, zu spätes Abfangen aus dem Bahnneigungsflug oder Nichterkennen von Hindernissen wie Leitungen oder Strommasten. Wo sich zwei Besatzungsmitglieder die fliegerische Arbeit teilen, scheint diese Gefahr geringer zu sein als bei einsitzigen Flugzeugen. Gefahrenträchtig sind auch Abfangeinsätze im Tiefflug. Ein Teil der Aufmerksamkeit des Piloten gilt dem Ziel bzw. dem Verfolger. Beim steilen Kurvenflug droht aber nicht nur ein unbeabsichtigter Verlust an Flughöhe; es kann auch das Flugzeug in der Hitze des Gefechts »überzogen« werden, was dann zu einem unkontrollierbaren Flugzustand führt, der im Tiefflug nicht mehr korrigiert werden kann. Zusätzlich kann sich auch die beim Kurvenkampf auftretende hohe G-Belastung des Flugzeugführers auswirken, wenn seine Reaktionsfähigkeit infolge hoher oder plötzlich auftretender Beschleunigungskräfte reduziert wird.

Vogelschlag und technische Störungen

Der immer noch gefürchtete Vogelschlag im Tiefflug bedeute bei Flugzeugen mit nur einem Triebwerk meist den Totalverlust. 1988 wurde in den Zeitungen lediglich von einem Unfall berichtet, bei dem ein *Alpha Jet* der Bundeswehr nach Vogelschlag und Ausfall eines seiner Triebwerke sicher landen konnte. 1989 soll der Absturz einer MiG-29 bei einem Schauflug in Paris auf Vogelschlag und dadurch bedingten Ausfall eines Triebwerks zurückzuführen sein. Immerhin verwendet der meteorologische Beratungsdienst nach wie vor große Mühe und Sorgfalt darauf, die jahreszeitlich bedingten Wanderungsbewegungen von Zugvögeln zu erfassen und die Besatzungen entsprechend zu warnen.

Die größte Gefahrenquelle sind jedoch vermutlich immer noch Störungen,

---

11 Aviation Week and Space Technology, 1987, Heft 23, S. 66

die zwar in jeder Höhe auftreten können, sich aber im Tiefflug besonders auswirken. So führte etwa das Funksignal eines starken Kurzwellensenders zu einer Störung im Steuerungssystem eines Tornado. In größerer Höhe wäre dies folgenlos geblieben, weil ausreichend Zeit gewesen wäre, um die automatische Steuerung auszuschalten und manuell gegenzusteuern. Im Tiefflug konnte dagegen auch die nahezu verzugslose Reaktion des Flugzeugführers den tödlichen Absturz nicht verhindern. Ausfälle und Störungen des Triebwerkes lassen sich in geringer Höhe meist nicht mehr beheben. Es fehlt an der Zeit, die entsprechenden Notmaßnahmen zu ergreifen. Nach den Erfahrungen mit der F-104G *Starfighter*, die nur mit einem Triebwerk ausgerüstet war, hat die deutsche Luftwaffe ausschließlich zweistrahlige Kampfflugzeuge beschafft und damit viel für die Verbesserung der Unfallbilanz getan. Die F-16 *Falcon*, die von einer Reihe von NATO-Luftstreitkräften als Nachfolger für den *Starfighter* beschafft wurde, verfügt jedoch wiederum nur über ein Triebwerk.

Kollision im Tiefflug

Als aktuelle Unfallursache sei schließlich noch der Zusammenstoß von mehreren Flugzeugen im Tiefflug angesprochen. Er ist glücklicherweise selten. In jüngster Zeit machte die Kollision eines britischen *Tornado* mit einem zu einer größeren Formation gehörenden *Alpha Jet* Schlagzeilen. Es ist schwer begreiflich, warum trotz ausgezeichneter Sichtverhältnisse weder der britische Tornadopilot die aus acht Flugzeugen bestehende deutsche Formation noch einer der deutschen Piloten den *Tornado* gesehen hat. Erklärlich wird dieser Unfall - wie andere ähnliche gelagerte Kollisionen - nur, wenn man bedenkt, wie sehr die Aufmerksamkeit beim Tiefflug durch Navigation und Einhalten der Höhe beansprucht wird.

Zusammenfassung

Im Tiefflug werden sehr unterschiedliche Fähigkeiten trainiert. Die Navigation im Tiefflug über lange Strecken ist vor allem erforderlich, wenn Ziele weit im Hinterland des Feindes angegriffen werden sollen. Der Tief- und Tiefstflug beim Angriff auf feindliche Landstreitkräfte im Rahmen der Abriegelung des Gefechtsfeldes oder bei der unmittelbaren Unterstützung des eigenen Heeres setzt vor allem die Fähigkeit voraus, das Ziel nach vorangegangenem kurzen Tiefflug rechtzeitig zu identifizieren und zu treffen.

Der taktische Tiefflug hat nicht nur Vorteile wie das Unterfliegen der feindlichen radargestützten Flugabwehr. Der Preis ist beträchtlich. Im Frieden sind es die meist schweren tiefflugspezifischen Unfälle sowie die Belastung der eigenen Bevölkerung und ein dadurch bedingter Verlust an Rückhalt und Unterstützung für die Notwendigkeit von Verteidigungsanstrengungen (Daß Gegner der Bundeswehr dies auszunutzen suchen, liegt nahe. Man sollte sich dennoch davor hüten, in jeder Klage über Fluglärm gleich einen Angriff auf die Verteidigungsbereitschaft zu sehen).
Auch der Preis im Verteidigungsfall schlägt zu Buch. Der Angriff gegen Ziele weit im Hinterland kostet Zeit für Hin- und Rückflug, Zeit, die für den eigentlichen Einsatz verloren geht. Die Gefährdung von Besatzung und Flugzeug nimmt mit der Länge des Flugweges über feindlichem Gebiet zu. Wetterverschlechterung bedeutet für den Tieffliegerüberproportionale Gefährdung, wenn er nicht über Bordsysteme verfügt, die ihm auch den Tief- oder Tiefstflug ohne Bodensicht erlauben (und wenn er diese Geräte auch ohne eigene Gefährdung betreiben kann!). Die visuelle Identifizierung von Zielen aus dem schnellen Tiefflug heraus ist außerordentlich schwierig. Das Halten einer taktischen Position im Verband bringt zusätzliche Probleme. Das alles kann unter *realistischen* Bedingungen (Höhe, Geschwindigkeit, volle Waffenzuladung, Wetter, Feindeinwirkung) im Frieden nicht geübt werden. Es wird - diese Prognose kann gewagt werden - bei der Einsatzart Tiefstflug Verluste auch ohne unmittelbare Waffeneinwirkung des Gegners geben.

7 Die Luftverteidigung des Warschauer Paktes

Eine journalistische Argumentationshilfe für die Luftwaffe

»Allein der extreme Tiefflug ist geeignet, die eigene Verlustrate äußerst gering zu halten.« So *Siegfried Thielbeer*, Militärexperte und Journalist in der »Frankfurter Allgemeinen Zeitung« vom 12. Jauar 1989. Eine Woche später verbreitete »Bundeswehr aktuell« seinen Beitrag und empfahl ihn als Argumentationshilfe in der laufenden Tiefflugdebatte.[12]

Thielbeer übernimmt zunächst die These der Luftwaffe, daß man den Einsatz gegnerischer Luftstreitkräfte durch Angriffe auf ihre Flugplätze drastisch behindern müsse. Außerdem müsse die Luftwaffe den Aufmarsch der gegnerischen Landstreitkräfte stören. Er beschreibt dann die Luftverteidigung in der DDR, die aus 7 Luftverteidigungsregimentern mit rund 200 Abschußrampen für Boden-Luft-Flugkörper der Typen SA-2 und SA-3 besteht. Die Batterien seien so disloziert, daß sich die Wirkungsbereiche überlappen. Angriffe in mittleren Höhen würden daher vom Westen »verheerende Opfer« fordern.

Organisatorisch getrennt von der Luftverteidigung ist die Truppenluftabwehr der in der DDR stationierten Verbände und Einheiten. Sie beeindruckt durch die Zahl ihrer Systeme, Typenvielfalt, hohe Mobilität und ständige Modernisierung.

Tabelle 3

Boden-Luft-Flugkörper der Truppenluftabwehr des Warschauer Paktes

Ebene	Einheit	Regiment	Division	Armee
NATO CODE	SA-7 *Grail* SA-14 *Gremlin* SA-16	SA-9 *Gaskin* SA-13 *Gopher*	SA-6 *Gainful* SA-8 *Gecko* SA-11 *Gadfly*	SA-4 *Ganef* SA-12 A

---

12 Bundeswehr aktuell vom 19. Januar 1989, S. 3 *»Im Tiefflug der Abwehr entgehen«.*

Gecko, Gadfly und *Gopher* können angeblich auch sehr tief fliegende Ziele unterhalb einer Flughöhe von 30 m bekämpfen, im Falle der *Gopher* bis zu einer minimalen Schrägweite von nur 500 m. Nach dem Streitkräftevergleich des Londoner Instituts für Strategische Studien verfügen allein die sowjetischen Landstreitkräfte in ihrer Truppenluftabwehr über 4.600 mobile Systeme sowie über weitere 25.000 der auf der Einheitsebene vorhandenen Schulterwaffen SA-7, SA-14 und SA-16. Die Stückzahl der gegen tiefstfliegende Ziele wirkenden *Gecko, Gadfly* und *Gopher* beträgt nach der gleichen Quelle immerhin 1.820 Systeme.[13]

Reicht die Bekämpfungszeit?

Thielbeer argumentiert, daß man dennoch durch extrem schnellen und extrem niedrigen Flug auch den oben genannten modernen Systemen entkommen könne, weil diese, selbst wenn ihnen die Erfassung gelingt, keine ausreichende Zeit zur Bekämpfung haben. Dies mag zutreffen für den Fall, daß welliges oder hügeliges Gelände den Angreifer begünstigtä. Man muß aber wohl bedenken, daß solches Gelände nicht durchgehend vorhanden ist, und daß insbesondere Flugplätze in ebenem Gelände angelegt sind. Schließlich sind auch die Möglichkeiten der infrarotgelenkten Waffen ebenso zu berücksichtigen wie die sowohl optisch richtbaren als auch radargelenkten sowjetischen Fliegerabwehrgeschütze, von denen die ZSU 23-4 im *Yom-Kippur*-Krieg 1973 eine große Rolle spielte. Die Sowjetische Armee besitzt über 11.000 derartiger Systeme.[14] Mag ihre Treffgenauigkeit auch nicht allzu groß sein, sie ist gefährlich durch ihre hohe Konzentration (Zum Vergleich: die US Army verfügt über 1000, die Bundeswehr über 2.400 entsprechende Fla-Waffen)[15].

Fliegende Frühwarnung und Look-Down-Shoot-Down

Auch den sowjetischen Jägern (nach dem Streitkräftevergleich 87 des Bundesministers der Verteidigung dem Westen zahlenmäßig im Verhältnis 4:1 überlegen) räumt *Thielbeer* keine allzu großen Erfolgschancen gegen die

---

13 International Institute for Strategic Studies, *The Military Balance 1988-89*, S. 35 (im folgenden zitiert: MB)
14 MB 1988-1989, S. 35.
15 a.a.O. S. 20; es handelt sich dabei um 600 Systeme VULCAN, 20 mm (davon 380 auf Selbstfahrlafette) und 500 M-42 (40 mm).

tieffliegenden Jagdbomber der NATO ein. Er begründet das mit den technischen Grenzen des Look-Down-Radars und den noch wesentlich größeren Schwierigkeiten, ein extrem tieffliegendes Ziel aus der Überhöhung zu bekämpfen. Er verweist in diesem Zusammenhang auf die geringen Trefferquoten der amerikanischen *Sparrow* - Rakete im Vietnam-Krieg, die beim Einsatz gegen Ziele in Bodennähe unter 10 % lagen. Bei seiner Bewertung geht er allerdings auf die Aussichten eines geführten Jagdeinsatzes in gleicher Höhe nicht ein. Vielleicht weil er - wie die Luftwaffe - fliegenden Frühwarnsystemen nur ein lückenhaftes Lagebild zutraut.

Thielbeer ist darin zuzustimmen, daß auch moderne Jäger wie die MiG-29 *Fulcrum* gegen sehr tieffliegende Angreifer aus der Überhöhung nur geringe Chancen haben dürften, ihr Ziel mit Lenkflugkörpern abzuschießen. Das liegt daran, daß zwar das »Look-Down«, nicht aber das »Shoot-Down« als technisch gelöst angesehen werden kann. In der Beurteilung der Radarerfassungsmöglichkeiten von fliegenden Frühwarnsystemen kann ihm dagegen nicht gefolgt werden. Für ein nach dem Puls-Doppler-Prinzip arbeitendes Radar ist selbst die Erfassung von sich auf dem Boden mit einer entsprechenden Geschwindigkeit bewegenden Zielen kein Problem: etwa schnell fahrende Autos auf der Autobahn oder startende Flugzeuge. Gewiß ergeben sich Einschränkungen in Abhängigkeit von Flughöhe, Entfernung und Gelände, wenn Flugzeuge Radarschatten ausnutzen. Größere Berge etwa können die Sichtlinie des Radars unterbrechen, aber immer nur für kürzere Zeit, dann muß ein Angreifer aus dem Radarschatten wieder auftauchen.

Gelingt es, Kurs und Geschwindigkeit feindlicher Flugzeuge rechtzeitig zu erkennen und an potentiell bedrohte Ziele sowie eigene Jagdkräfte durchzugeben, kann sich die Lage durchaus zugunsten des Verteidigers entwickeln. Darin liegt die Schlüsselrolle von Frühwarn- und Leitflugzeugen, auf die bei der Betrachtung kriegsgeschichtlicher Beispiele noch näher einzugehen sein wird.

8 Aus der Geschichte lernen?

Bei der Betrachtung kriegsgeschichtlicher Beispiele ist immer große Vorsicht geboten, vor allem wenn es um die Verallgemeinerung von Erfahrungen oder gar um Lehren für die Zukunft geht. Das gilt auch und in besonderem Maße für die Bewertung taktischer Verfahren, wie es der Tiefflug ist. Taktik ohne oder unter Mißachtung entsprechender Technik ist sinnlos, Technik ohne zugehörige Taktik ziellos, wofür der Zweite Weltkrieg zahlreiche Beispiele liefert. Gerade die Veränderung der Technik vollzieht sich aber im Bereich der Luftkriegsmittel in atemberaubenden Tempo, was die Bewertung taktischer Verfahren erschwert.

Die Beschäftigung mit der Historie ist dennoch lohnend. Einmal kann sie uns den Schlüssel liefern für das Verständnis von Denkrichtungen und Auffassungen, die ohne den Rückgriff auf die Luftkriegsgeschichte nur schwer nachzuvollziehen wären. Zum andern gibt es Entwicklungen, die sich mit großer Wahrscheinlichkeit in der Zukunft fortsetzen werden, aber auch Gesetzmäßigkeiten, die sich immer wieder beobachten lassen. Man denke an die Bedeutung von Führung und elektronischem Kampf, die Steigerung der Wirkung von Luftkriegsmitteln durch ihren Einsatz im Verbund oder die Wechselwirkung von Angriff und Verteidigung mit den jeweils dazu gehörenden Mitteln.

1967: Der 6-Tage-Krieg[16]

Nach längerer Spannungszeit entschloß sich die israelische Führung am 5. Juni 1967, einem bevorstehenden Angriff der arabischen Nachbarstaaten durch einen großangelegten *Präventivschlag* seiner Luftstreitkräfte zuvorzukommen. Unter Einsatz aller verfügbaren Kräfte gelang es, in wenigen Stunden die ägyptische Luftwaffe, den Hauptgegner, fast völlig auszuschalten

---

16 Eine umfassende Schilderung von Ausgangskräfteverhältnis, Ablauf und Ergebnis bei Edgar O'Ballance, *The Third Arab-Israeli War.* Hamden (Conn.) 1972. Sehr nützlich auch die zehn Jahre später erschienene Studie der BDM-Corporation *»Air Superiority and Airfield Attack: Lessons from History.«* McLean, (Va.) 1982, Kap. 8. Die Studie verwertet das (ursprünglich geheim eingestufte) Protokoll eines Gesprächs mit General Mordechai Hod, Befehlshaber der Israelischen Luftstreitkräfte, mit Vertretern der US Air Force am 12. Januar 1968 (Anm. 8 zu Kap. 8 a.a.O.) Zitiert: BDM-Studie.

und in den ersten zwei Tagen auch die Luftstreitkräfte Syriens, Jordaniens, des Irak und des Libanon am Boden zu zerstören. Im einzelnen wurden durch eine Reihe sorgfältig geplanter und nahezu perfekt ausgeführter Luftangriffe nicht nur die arabischen Einsatzflugzeuge größtenteils vernichtet, sondern auch die wichtigsten Flugplätze für kürzere oder längere Zeit unbrauchbar gemacht. Nach Angaben des israelischen Generals *Hod* wurden 393 Flugzeuge am Boden zerstört und 51 abgeschossen. Der Vernichtung von insgesamt 444 Flugzeugen standen 40 israelische Verluste gegenüber, wovon der größte Teil auf das Konto der Bodenabwehr ging. Außerdem wurden die ägyptischen Verteidigungsstellungen für die Dauer des Krieges außer Gefecht gesetzt.[17]

Die israelischen Luftstreitkräfte hatten sich so in kürzester Zeit die nahezu absolute *Luftherrschaft* über dem Operationsgebiet erkämpft und damit eine wichtige Grundlage für den Erfolg ihrer Landstreitkräfte gelegt. Der israelische David hatte den arabischen Goliath besiegt, hatte die Initiative ergriffen, das Gesetz des Handelns an sich gerissen, durch überraschende Konzentration aller seiner Kräfte auf den kriegsentscheidenden Punkt – die feindlichen Luftstreitkräfte auf ihren Plätzen – den Krieg praktisch in den ersten Stunden entschieden. Es konnte nicht verwundern, daß sich Anhänger des offensiven Gebrauchs von Luftmacht in ihren Auffassungen bestätigt sahen: der wirkungsvollste Gebrauch von Luftmacht liege im überraschenden, konzentrierten *Angriff* gegen die feindlichen Luftstreitkräfte am Boden. So könne sich auch der zahlenmäßig Unterlegene gegen den Stärkeren durchsetzen oder – bei etwa gleichstarken Potentialen – die Offensive entscheidende Vorteile bringen.

Ein überraschender Schlag gegen unvorbereitete Gegner

Die Bedingungen, unter denen die Israelis ihren Erfolg errungen hatten, wurden zwar registriert, aber wohl nicht immer als Voraussetzung einer *einmaligen* und so nicht wiederholbaren Aktion interpretiert.
- Dem Angriff ging eine längere Spannungszeit voraus, aber durch geschickte Wahl des Angriffszeitpunktes gelang den Israelis die taktische Überraschung nahezu vollständig.
- Die arabischen Staaten hatten Frühwarnung und Luftverteidigung sträflich vernachlässigt.

---

17 Die Angaben finden sich in dem in Anm. 16 genannten Protokoll.

- Auf den Flugplätzen gab es, von einigen Ausnahmen abgesehen, keine passiven Schutzmaßnahmen für Flugzeuge (wie zum Beispiel Splitterwälle aus Sandsäcken); auf einigen Flugplätzen waren die Flugzeuge wie zur Parade nebeneinander aufgereiht.

Der 6-Tage-Krieg hatte vor allem eine eminent praktische Bedeutung. In Ost und West begannen fast unverzüglich großangelegte Programme zur »Härtung« der Flugplätze insbesondere durch den Bau von nahezu unzerstörbaren Flugzeugschutzbauten und durch die Verbunkerung der wichtigsten Führungs- und Versorgungseinrichtungen. Vorkehrungen zur schnellen Reparatur von Startbahnen wurden getroffen und bei der Neuentwicklung von Flugzeugen wurde die Fähigkeit zum Start von teilzerstörten Pisten gefordert.

1973: Der Yom-Kippur-Krieg[18]

Die Zeit zwischen 1967 und 1973 wurde von Israelis und Arabern unterschiedlich genutzt. Die Ägypter und Syrer setzten eindeutig auf den Ausbau ihrer Luftverteidigung. Das läßt sich gut in den jährlich vom Londoner Institut für Strategische Studien herausgegebenen Streitkräftevergleichen nachlesen. In der Ausgabe 70/71 werden für Ägypten 25 Stellungen mit jeweils 6 Abschußgestellen für Boden-Luft-Flugkörper angegeben.[19] Zwei Jahre später hatte sich diese Zahl vervierfacht.[20] Auch bei den Flugzeugen legte Ägypten den Schwerpunkt auf Jäger: 200 MiG-21 *Fishbed* gegenüber 120 Jagdbombern Su-7 *Fitter*. Der letzte Streitkräftevergleich vor Ausbruch des Krieges erwähnt übrigens bereits den Zulauf der modernen SA-6 *Gainful* und des Vierlings-Flak-Panzers ZSU-23-4. Zudem errichteten die Ägypter Flugzeugschutzbauten mit drei Meter dicken Betonmauern nach russischem Muster. – Die syrischen Luftstreitkräfte hatten ebenfalls sowohl die bodengebundene als auch die fliegende Luftverteidigung erheblich ver-

---

18 Auch zum Yom-Kippur-Krieg wieder grundlegend Edgar O'Ballance *No Victors no Vanquished: The Yom-Kippur War.* San Rafael (Ca.) 1972 sowie die in Anm. 16 zitierte BDM-Studie Kap. 9 mit weiteren Nachweisen der Literatur bis 1982. In neuerer Zeit hat Lon O. Gordeen jun. diesen Konflikt aufgearbeitet. *Air Warfare in the Missile Age.* London 1985, Kap. VII. Gordeen stützt sich nicht nur auf die umfangreiche Literatur, sondern auch auf Interviews mit beteiligten Israelis. Aus sowjetischer Sicht interessant W. Babitsch, *Methoden der Gefechtshandlungen der Fliegerkräfte im Kampf um die Luftherrschaft,* übersetzt von F. Weiß, Militärwesen 11/86, S. 38.
19 MB 70-71, S. 45.
20 MB 72-73, S. 30.

stärkt. Bei Kriegsausbruch im Oktober 1973 verfügten sie unter anderem über 35 mobile SA-6-Batterien und 200 Abfangjäger vom Typ MiG-21.[21] Die Israelis legten demgegenüber den Schwerpunkt ihrer Rüstung auf die Verstärkung ihres Potentials zur Unterstützung der eigenen Landstreitkräfte. Sie verdreifachten die Zahl ihrer Kampfflugzeuge gegenüber 1967 auf rund 400. Den größten Anteil hatten dabei die zur Bekämpfung von Heereszielen besonders geeignete A-4 *Skyhawk* in ihren verschiedenen, zum Teil in ihrem Kampfwert erheblich gesteigerten Versionen und die F-4 *Phantom*, die sowohl als schwerer Jagdbomber mit großem Aktionsradius als als auch als Jäger eingesetzt werden konnte. Außerdem legten die israelischen Luftstreitkräfte großen Wert auf aktive und passive elektronische Gegenmaßnahmen wie Radarwarnempfänger, Düppel und Störsender.[22]
Diesmal gelang den Arabern jedenfalls teilweise die taktische Überraschung. Zwar hatte General *Peled* die Luftstreitkräfte Israels bereits am 5. Oktober 1973 alarmiert und wie 1967 um die Erlaubnis für einen Präventivschlag gebeten. *Golda Meir*, die Premierministerin, entschied sich jedoch vor allem aus politischen Gründen dagegen. Hinzu kam, daß eine Wiederholung des großen Erfolges von 1967 unmöglich und das Risiko eigener großer Verluste zu hoch erschien.
Die Araber erzielten beachtliche Anfangserfolge und fügten den israelischen Land- und Luftstreitkräften in den ersten Tagen des Krieges schwere Verluste zu. Nur mit Hilfe von Flugzeugverstärkungen der Amerikaner konnten die Israelis schließlich die Luftüberlegenheit erkämpfen und bis zum Ende des Krieges behaupten. Dazu leisteten auch die israelischen Landstreitkräfte wichtige Beiträge. An der *Golan*-Front zwangen sie die Syrer durch ihre Gegenoffensive zur Rücknahme ihres FlaRak-Gürtels und bei ihrem Vorstoß über den *Suez*-Kanal konnten sie einen Teil der ägyptischen Raketenstellungen auf dem Westufer des Kanals neutralisieren.
Ein Studium des Ablaufs der Operationen ist auch deshalb interessant, weil viele von den damals eingesetzten Waffensystemen heute noch in den Beständen von NATO und Warschauer Pakt vorhanden sind. Hier sollen aber vor allem zwei Fragen näher behandelt werden:
- Welche Rolle spielte diesmal der offensive Luftkrieg gegen die Luftstreitkräfte der anderen Seite, den die Israelis 1967 mit so großem Erfolg geführt hatten?
- Wie bewährte sich die Taktik des Tieffluges?

Zunächst ein Blick auf die Flugzeugverluste der Israelis und ihre Ursachen.

---

21 MB 72-73, S. 35.
22 MB 72/73, S. 31.

Tabelle 4

Verluste der israelischen Luftwaffe im Yom-Kippur-Krieg 1973
(Israelische Angaben)

Luftkampf	FlaRak	Flak	Sonst. Ursachen	Gesamt
4	48	52	11	115

Berücksichtigt man, daß die US Air Force und Navy 48 F-4E und 80 A-4 während des Krieges zuführten, wurden also die israelischen Totalverluste mehr als ausgeglichen.

Zu den Totalverlusten kamen die Flugzeuge, die infolge Beschußschäden für kürzere oder längere Zeit ausfielen. Ein ursprünglich geheim eingestuftes Memorandum der US Air Force gibt die Zahl der aufgrund von Feindeinwirkung beschädigten Flugzeuge mit 212 an, davon 115 F-4 und 97 A-4.[23] Da ausschließlich Flugzeuge beschädigt wurden, die gegen Bodenziele eingesetzt wurden, kann angenommen werden, daß die Beschädigungen ebenso wie die Abschüsse auf das Konto der Bodenluftabwehr gehen (Flak/SA-7). Einige Quellen erwähnen denn auch, daß mit der Schulterwaffe SA-7 zwar nur zwei Abschüsse erzielt, aber mehr als 30 Flugzeuge beschädigt wurden. Man kann leicht ausrechnen, daß im Lauf des Krieges fast der gesamte ursprüngliche Bestand der Israelis an Jagdbombern zerstört oder doch vorübergehend außer Gefecht gesetzt wurde. Die Verluste an Jägern *(Mirage)* waren vergleichsweise gering, wie die folgende Tabelle ausweist, in der aufgrund von US-Angaben die israelischen Totalverluste nach Flugzeugtyp aufgeschlüsselt sind.

Tabelle 5

Israelische Verluste nach Luftfahrzeugtyp (US-Angaben)

F-4	A-4	Mirage	Mystere	Super Mystere	Hubschrauber
33-35	52-55	8-12	5-6	3	6

23 Vgl. Anm. 16.

Weitere Erkenntnisse lassen sich gewinnen, wenn man die israelischen Verluste denen der Araber gegenüberstellt und diese dann mit den Ergebnissen von 1967 vergleicht.

Tabelle 6

Erfolge der israelischen Luftwaffe 1973
(Israelische Angaben, einschließlich Hubschrauber)

Luftkampf	FlaRak	Flak	Sonst. Ursachen	Gesamt
411	13	30	-	*454*

Die Stärke der Israelis lag offensichtlich im Luftkampf, in dem bessere Ausbildung, bessere Moral, bessere Waffen und bessere Taktik zu einem Ergebnis führten, das man selbst dann noch als vernichtend bezeichnen muß, wenn man die israelischen Verluste durch Jagdflugzeuge der Gegenseite höher ansetzt als die offiziell von ihnen zugegebenen 4 Abschüsse (US-Quellen sprechen von 15 israelischen Verlusten durch arabische Jäger).
Dagegen waren die Ägypter und Syrer vor allem mit ihrer Bodenluftverteidigung erfolgreich. Die Leistungsfähigkeit der SA-6 traf die Israelis völlig überraschend, obwohl sowohl die Existenz als auch die Stückzahlen bereits vor Kriegsausbruch bekannt waren. Weder waren die Israelis in der Lage, das zugehörige Erfassungsradar *Straight Flush* zu stören noch halfen die gegen die älteren Typen SA-2 und SA-3 bewährten Ausweichmanöver gegen diese neue, mit zweieinhalbfacher Schallgeschwindigkeit anfliegende Rakete. Bei dem Versuch, die SA-6-Stellungen im *Tiefflug* anzugreifen, gerieten die Israelis *vom Regen in die Traufe* oder in das *tödliche Feuer,* in die *Hölle* der Vierlingsflak. Hinzu kam die Bedrohung durch die Fliegerfaust SA-7, die bereits in Vietnam ihr Debut gegeben hatte und die vor allem für Hubschrauber gefährlich war. Wegen ihres sehr kleinen Gefechtskopfes war zwar selbst bei einem Treffer die Wahrscheinlichkeit eines Abschusses gering. Aber auch eine Beschädigung war schon ein Erfolg. wenn längerer Ausfall oder Abbruch des Einsatzes die Folge war.
Die meisten Analysen kommen zu dem Ergebnis, daß auch die SA-6 keine Wunderwaffe ist. Ihre eigentliche Wirkung bestand darin, daß sie die Angreifer zum Tiefflug und damit in den Bereich der eigenen Maschinenwaffen

zwang. Pro Abschuß wurden denn auch nach den ersten Überraschungserfolgen rund 50 Flugkörper benötigt, was etwa dem Wert der SA-2 in Vietnam entspricht. Zugleich aber sprechen die Abschußerfolge der Flak für sich. Fast die Hälfte der israelischen Verluste ging auf ihr Konto, wobei man, will man die Gesamtwirkung beurteilen, auch noch die Beschädigungen hinzurechnen muß.

Bemerkenswert ist, daß die israelische Bilanz keinerlei Angaben über Flugzeuge, die am Boden zerstört wurden, enthält. 1967 war das noch der größte Erfolgsposten gewesen, und auch 1973 flogen die Israelis Einsätze gegen ägyptische Flugplätze im Nildelta und in Syrien. Wie sehr sich aber Lage und Erfolgsaussichten bei Flugplatzangriffen in den sechs Jahren, die seit 1967 vergangen waren, geändert hatten, wird aus der Schilderung eines israelischen Oberstleutnants deutlich, der bei einem derartigen Einsatz die zweite Rotte eines Vierer-Schwarms von *Phantom*-Jagdbombern gegen den ägyptischen Flugplatz *El Mansura* im Nildelta führte. Hier sein leicht gekürzter Bericht, der in englischer Sprache in der Zeitschrift »Military Enthusiast« erschien.[24]

Auf dem langen Flug zum Ziel hatten wir keine Illusionen über das, was uns erwartete. Vor drei Tagen, bei einem ähnlichen Einsatz auf den Flugplatz Banha, waren zwei Phantom von ägyptischen MiG's abgeschossen worden. Zwei Besatzungsangehörige, die sich mit dem Fallschirm hatten retten können, waren von ägyptischen Dorfbewohnern erschlagen worden. Dieser Einsatz hatte einen bitteren Beigeschmack.

Jetzt, im Anflug auf das Ziel, über dem Mittelmeer, ist alles ruhig - zu ruhig? Beim Überfliegen der Küste kommt ein Funkspruch: »MiG's im Zielgebiet!« Na, denke ich mir, jetzt haben wir SA-2's, SA-3's und MiG's. Mit der Überraschung wird das wohl heute nichts...

Die Navigation im Nildelta ist ermüdend. Im Tiefflug steige ich etwas, um eine Überlandleitung zu überqueren. »Denk an die Leitungen auf dem Rückflug« erinnere ich meinen Navigator. In der Nähe unseres Zieles kommt die Stimme unseres Formationsführers über Funk: »Kurz und bündig heute! wir haben nicht genug Sprit, um mit den MiG's herumzuspielen.«

Ich ziehe am Knüppel, um Angriffshöhe für meine Phantom zu gewinnen, und beginne dann den Zielanflug. Schneller Rundblick - kein Feind in Sicht. Plötzlich, blitzende Metallkörper - da hat jemand seine Zusatz-

---

24 Military Enthusiast 25/83, S. 12 ff.

tanks abgeworfen - jetzt geht's los! Entweder wir brechen jetzt den Angriff ab und stellen uns zum Kampf - aber deswegen sind wir nicht hergekommen - oder wir setzen unseren Zielanflug fort und können von unseren Verfolgern in aller Ruhe abgebraten werden. Wir entscheiden uns zum rottenweisen Angriff - vielleicht kann die Führungsrotte ihre Bomben abladen, bevor die MiG's uns im Visier haben. Die Sekunden dehnen sich zu Ewigkeiten - dann markieren Rauchpilze unsere Treffer. Bomben im Ziel! Jetzt nichts wie weg.. Aber der Ärger fängt jetzt erst richtig an.
Ein Blick auf meinen Rottenflieger - zwei MiG's nähern sich ihm von hinten. »Aufgepaßt, Vier, MiG's hinter Dir! Vier bricht nach links weg und ich hinter ihm her. Die MiG's sehen sich in der Zange und brechen diesen Kampf ab, um sich nach leichterer Beute umzusehen ...
Wir setzen unseren Rückflug fort. Diesmal warnt mich mein »Beifahrer« im hinteren Sitz. Ein Blick zurück bestätigt: zwei MiG's kurven hinter uns ein. Einen Augenblick bin ich versucht, den Kampf aufzunehmen. Ein Blick auf meine Kraftstoffanzeige beseitigt diese Versuchung. Mit zwei scharfen Kurven kann ich die MiG's fürs erste abschütteln. Die Fahrt nimmt ab, der Sprit wird knapp, die Spannung steigt ...
Über Funk informiere ich meinen Formationsführer: »Nr. 3 wird von MiG's angegriffen. Kann mir jemand helfen?« Nun, die werden ihre eigenen Sorgen haben. »Sind die Mig's immer noch hinter uns?« frage ich meinen Navigator. »Immer noch - und - jetzt fangen sie an zu schießen!« Das muß man sich vorstellen können, allein über Mansura, mitten in Feindesland, ein lausiger Ort, der Sprit ist knapp und niemand, der mir helfen könnte. Schlimmer kann es nicht kommen. - Ich muß mich entscheiden: Volle Triebwerkleistung! Komme ich damit noch nach Hause? In Baumwipfelhöhe rase ich dahin. Wo waren noch die Überlandleitungen. Wir bleiben im Tiefstflug Richtung Mittelmeer, wenn die MiG's hinter uns Raketen abfeuern oder schießen, weiche ich aus, so gut ich kann. Eine Weile, denke ich mir, kann ich das Spielchen noch mitmachen - dann gibt es nur noch eins; mit dem letzten Sprit in Richtung Meer und über Wasser aussteigen.
Doch dann geschieht das Wunder - die MiG's brechen die Verfolgung ab. Mein Navigator hält weiter sorgfältig Ausschau, aber die Luft ist rein. Leistungshebel zurück, im Sparflug schleichen wir nach Hause. Hoffentlich schaffen wir es wenigstens noch bis zur Grenze. Redifim ist viel zu weit und die Piste in Baluza, dem nächsten Platz, zu kurz für uns. Trotzdem - Baluza ist unsere einzige Chance. Wir passieren die Küste und steigen etwas - nicht zuviel, denn die Raketenstellungen von Port Said sind gefährlich nahe.

Baluza Tower, bitte bereiten Sie alles für Notlandung vor! - Noch 300 Pfund Kraftstoff - jeden Augenblick können die Triebwerke aufgeben. Doch dann: Touchdown! Das Ende der kurzen Startbahn kommt schnell näher - Triebwerk aus - und dann der erlösende Ruck der Hakenfanganlage am Ende der Piste. Zum Glück sind wir nicht im Sand gelandet. Geschafft!

Aus diesem Bericht lassen sich - selbst wenn aus der Rückschau das eine oder andere Detail etwas dramatisiert worden ist, eine Reihe von interessanten Erkenntnissen gewinnen.
- Der Angriff erfolgte über feindlichem Gebiet im Tiefstflug und einer Höhe von 20-30 m (Überlandleitungen)
- Dennoch wurden erhebliche Umwege inkauf genommen (Anflug übers Mittelmeer), um nicht die Suez-Front überfliegen zu müssen.
- Die Überraschung gelang trotz Tiefstflug und Umwegen nicht, das Ziel war von Jägern verteidigt.
- Beim Angriff durch Jäger in der Anflugphase stehen Jagdbomber immer vor dem Problem, ob sie sich der schweren Bombenlast im Notwurf entledigen sollen, um ihre normale Manövrierfähigkeit wieder zu gewinnen, oder ob sie weiterfliegen und ihren eigenen Abschuß riskieren sollen. Nicht jeder Pilot dürfte so kaltblütig sein wie unser Autor.
- Auch nach erfolgtem Angriff ist der Jagdbomber zwar von seiner Bombenlast befreit, kann aber seine überlegene Triebwerkleistung wegen unzureichender Treibstoffreserven nicht ausnutzen, vor allem, wenn die Ziele am Rande der ohnehin begrenzten Tiefflugreichweite liegen.
- Über den Erfolg dieses und vorangegangener Einsätze erfahren wir nicht viel, wohl aber, daß es Verluste gegeben hat an Flugzeugen und Besatzungen.
- Beim Rückflug waren sowohl die Schwarmformation als auch die aus zwei Flugzeugen bestehende Rotte »geplatzt«.

Gegen Ägypten Offensive abgebrochen

Israel hat 1973 den offensiven Kampf gegen die ägyptischen Plätze zwar begonnen und auch einige Tage fortgesetzt, ihn aber dann abgebrochen. Unter den Umständen war das der richtige Entschluß. Nachdem es den Ägyptern gelungen war, ein Netz von Luftraumbeobachtern aufzubauen und damit die Frühwarnung gegen Tieffflieger sicherzustellen und nachdem die lukrativsten Ziele - die Flugzeuge - in praktisch unverwundbaren Schutzbauten verschwunden und auch andere wichtige Ziele verbunkert waren, sprach eine Abwägung von Chancen und Risiken gegen diese Option.

Syrien: Lähmungseinsätze erfolgreich

An der syrischen Front entwickelte sich der Luftkrieg nach einem anderen Muster. Nachdem bereits am 8. Oktober, dem zweiten Tag des Krieges, erste Einsätze gegen syrische Flugplätze geflogen wurden, startete die israelische Luftwaffe am 11. Oktober einen konzentrierten Angriff auf alle wichtigen syrischen Plätze bis zu einer Entfernung von 220 km von der Front. Ziel war die Unterstützung der Gegenoffensive der eigenen Landstreitkräfte auf den *Golan*-Höhen. Dieses Ziel wurde auch erreicht: die Zahl der von den Syrern geflogenen Erdkampfeinsätze sank von durchschnittlich 132 in den ersten Tagen des Krieges auf 24 Sorties ab. Allerdings war auch der israelische Aufwand erheblich. Sie flogen 363 Einsätze an diesem Tag; acht eigene Flugzeuge gingen verloren.
An den folgenden Tagen setzten die Israelis ihre Angriffe gegen die Flugplätze mit reduzierten Kräften fort und konnten damit größere Aktionen der Syrer unterbinden, sieht man einmal von einem letzten großen Einsatz mit 100 Flugzeugen am 21. Oktober ab (von denen 15 abgeschossen wurden).

Der Faktor Raum

Geht man der Frage nach, warum die Israelis 1973 den Luftkrieg an der syrischen und ägyptischen Front offensichtlich nach unterschiedlichen Grundsätzen führten, bietet sich als möglicher Grund der Faktor *Raum* an. Damaskus ist von Tel Aviv nur halb so weit entfernt wie Kairo. Das bedeutet größeren Überraschungsfaktor im Anflug, mehr Treibstoffreserven und insgesamt kürzere Flugzeiten. Eine Rolle mag auch gespielt haben, daß ein Teil der SA-6 der Syrer zum Schutz der Hauptstadt Damaskus und angesichts des Erfolges der israelischen Gegenoffensive zurückgenommen werden mußte.

Offensive aufwandswirksam?

War der offensive Kampf gegen die feindlichen Flugplätze aus Sicht der Israelis aufwandswirksam? Die Frage läßt sich aufgrund der vorliegenden

Zahlen nicht sicher beantworten.[25] Sie wird auch in der umfangreichen Literatur, soweit ersichtlich, nicht untersucht. Hätte es für den Kriegsverlauf irgendeinen Unterschied ausgemacht, wenn die Israelis am 11. Oktober und den folgenden Tagen auf Lähmungseinsätze gegen die syrischen Flugplätze verzichtet hätten? Die Syrer hätten mehr Einsätze geflogen und sich dabei Luftkämpfen mit den Israelis ausgesetzt, deren Erfolgsquote bei 20:1 lag. Wenn es richtig ist, wie einige Autoren vermuten, daß es die Taktik der Ägypter war, ihre Flugzeuge in den Schutzbauten zu lassen und die Abnutzung der israelischen Luftwaffe durch die eigene bodengebundene Luftverteidigung abzuwarten. welchen Sinn machte dann die Zerstörung von Startbahnen, die nach relativ kurzer Zeit wieder instandgesetzt wurden?[26] Die Anhänger der offensiven Luftkriegsführung sehen in dem *Yom-Kippur-*Krieg eine mindestens teilweise Bestätigung ihrer Theorien. Die Verlustzahlen auf beiden Seiten, mehr noch aber die Art ihres Zustandekommens, sollten zu denken geben.

Luft-Boden-Einsätze verlustreich

Einsätze zur unmittelbaren Unterstützung der Landstreitkräfte erwiesen sich als außerordentlich verlustreich, solange die Ausschaltung der mobilen SA-6, die im Verbund mit Vierlingsflak und Fliegerfaust eingesetzt wurde, noch nicht gelungen war. Diese Systeme waren für den größten Teil der israelischen Ausfälle verantwortlich.
Dagegen wurden die von den Ägyptern und Syrern zur Unterstützung ihrer Landstreitkräfte eingesetzten Su-7 *Fitter* eine leichte Beute der israelischen Jäger. Die Flugzeugführer der *Fitter* waren so mit ihrer Tieffflugnavigation beschäftigt, daß sie die angreifenden Israelis erst entdeckten, wenn es zu spät war.[27]

---

25 Nordeen bezeichnet die »strategic air campaign« der Israelis als »highly effective«, während er die Verluste bei ähnlichen Angriffen gegen ägyptische Ziele als »high in proportion to the damage inflicted« bezeichnet. OCA-Einsätze werden aber nicht gesondert analysiert (a.a.O. S. 162). Die BDM-Studie kommt zu dem Ergebnis: »There is good evidence that the IAF was successful at suppressing Syrian Air Force operations at critical times in the conflict. The evidence is less clear that they were able to accomplish this against the EAF.« Vgl. BDM-Studie, a.a.O. S. 9-18. Die Beurteilung der Aufwandswirksamkeit muß zusätzlich fragen, welcher Aufwand erforderlich war, um das Ziel der zeitweisen Lähmung zu erreichen.
26 Babitsch (a.a.O. S. 38) gibt die durchschnittliche Zeit, die für die Verfüllung der Krater auf den Startbahnen benötigt wurde, mit 9-12 Stunden an.
27 Mike Spick, *Technik und Taktik im Luftkampf,* Stuttgart 1984, S. 190.

1982: Elektronischer Kampf im Beka'a Tal[28]

Mit dem Namen des Beka'a-Tales an der Grenze zwischen Libanon und Syrien verbindet sich bei vielen Militärs die Vorstellung von einer gewaltigen Luftschlacht zwischen syrischen MiG-21 und 23 auf der einen und israelischen F-16 und F-15 auf der anderen Seite. Tatsächlich ging es für Israel zunächst nur darum, die sehr starke syrische Luftverteidigung im Beka'a-Tal auszuschalten. Die Luftkämpfe entwickelten sich, als die Syrer versuchten, ihre Fla-Raketenstellungen gegen israelische Luftangriffe zu schützen.

Drohnen im Einsatz

Über Beka'a und die dabei eingesetzten Waffen, Technik und Taktik ist viel und auch Widersprüchliches geschrieben worden. Als sicher kann wohl angenommen werden, daß unbemannte, ferngesteuerte Flugkörper sowohl als elektronische Köder (um die feindlichen Radars zu aktivieren) als auch zur Aufklärung und elektronischen Störung eingesetzt wurden.

Nachdem die Syrer auf die Köderdrohnen mit der Einschaltung ihrer Radargeräte antworteten, setzten die Israelis Anti-Radar-Raketen ein, und zwar sowohl vom Boden als auch aus der Luft. Ziel dabei waren vor allem die Feuerleitradars der Raketenstellungen. Der dann folgende Angriff mit A-4, F-4 und F-16 wurde durch Störsender vom Boden und an Bord einer Boeing 707 unterstützt. Die angreifenden Jagdbomber hatten neben Radarwarnempfängern auch Ausstoßgerät für Düppel und Leuchtkörper (gegen infrarotgelenkte Raketen) an Bord. Das fliegende Frühwarn- und Leitsystem E-2C koordinierte die Aktion und überwachte vor allem die Reaktion syrischer Jagdflugzeuge. Über die bei der Bekämpfung der SAM-Stellungen eingesetzten Waffen gibt es sich widersprechende Berichte. Einige behaupten, es seien Abstandswaffen (*Walleye, Maverick*) eingesetzt, um die israelischen Jabos aus dem Feuerbereich der Vierlings-Flak herauszuhalten. Eine israelische Quelle behauptet, es seien gewöhnliche Schüttbomben aus

---

28 Am ausgewogensten Martin Streetly, *The Israeli Experience: a lesson in electronic combat.* Jane's Defence Weekly, 17 August 1985. Sehr gründlich auch Luca Poggiali, *Libanon 82,* in Rivista Aeronautica 5/84, S. 16 ff. mit Leistungsdaten der zum Einsatz gekommenen Systeme. Besonders anschaulich das Interview (o.V.) mit einem ungenannten höheren Offizier der israelischen Luftstreitkräfte in Flight International, 1982, S. 1108 ff. Daß auch in den sowjetischen LSK die Bedeutung der Luftschlacht im Beka'a-Tal klar erkannt wurde, belegen zwei Aufsätze in Aviacija i Kosmonavtika (9/83 und 10/83 mit dem Titel *Aviacija b livanskom konflikte*

dem Tiefflug heraus geworfen worden. Es gibt auch Filmdokumente, die israelische F-16 beim Sturzflug und Ausstoß von Leuchtkörpern zeigen. Vielleicht kamen alle genannten Taktiken zum Einsatz – wie man sich überhaupt des Eindrucks nicht erwehren kann, daß das Beka'a-Tal ein gewaltiges Testgelände für Ost und West war.

Hawkeye: fliegender Gefechtsstand

Die schon erwähnte E-2C *Hawkeye,* deren APS-125 Radar Ziele von der Größe eines Jagdflugzeuges in einer Entfernung von 450 km entdecken und bis zu 130 Abfangeinsätze gleichzeitig führen kann, faßte die syrischen *Fishbed* und *Flogger* schon beim Rollen auf der Startbahn auf, verfolgte ihren Flugweg und brachte die israelischen F-16 *Falcon* und F-15 *Eagle* in eine günstige Position für ihre *Shafrir, Sidewinder* und *Sparrow* Raketen. Was folgte, kann man kaum als Schlacht, sondern höchstens als Schlächterei bezeichnen. Bemerkenswert der Fatalismus, mit dem die syrischen Piloten ihrem fast sicheren Schicksal entgegenflogen, aber auch die Verantwortungslosigkeit der syrischen Führung, die den ungleichen Kampf nicht früher abbrach. Eine israelische Quelle prägte das Bild von einem Boxkampf, in dem ein blindes Leichtgewicht gegen ein Schwergewicht antritt.

Entdeckung in 900 km Entfernung

Von Interesse für unser Thema ist, daß die *Hawkeye* neben dem APS-125 Radar noch mit einem passiven Entdeckungssystem (ALR59) ausgerüstet ist, das Radarsignale bis zu einer Entfernung von 900 Km registriert. Die Charakteristika der Radarstrahlung werden analysiert und den bekannten Geräten zugeordnet. Ein Litton L-304 Computer verarbeitet alle eingehenden Daten in Echtzeit und berechnet automatisch den optimalen Abfangkurs für eigene Jäger. Der tieffliegende Jabo oder Jäger, der sein eigenes Radargerät anschaltet, muß wissen, daß sich damit die Erfassungsreichweite eines gegnerischen Frühwarnflugzeuges verdoppeln kann.

Bewertung

Bei der Bewertung der Luftschlacht über und im Beka'a-Tal ist große Vorsicht geboten. Die syrischen Stellungen befanden sich auf der Ostseite des

Tales, in Sicht- und Artilleriereichweite der Israelis auf der Westseite. Ein Störsender auf dem Berg Hermon hatte direkte Sichtverbindung zu den Raketenstellungen der Syrer. Die Frage drängt sich auf, ob die Ausschaltung der 19 SA-6 Batterien durch Artillerie oder einen Panzervorstoß nicht einfacher zu bewerkstelligen gewesen wäre. Kam es den Israelis vielleicht darauf an, die Gelegenheit für eine Generalprobe neuer Systeme, neuer Verfahren und neuer Flugzeuge zu nutzen? Daß die F-15 und F-16 den MiG-21 und 23 in Flugleistung, Sensoren und Bewaffnung weit überlegen sind, war bekannt, bevor die Syrer und die Israelis im Libanon aufeinandertrafen. Daß die Begegnung derartig einseitig (1:80) zugunsten der Piloten mit dem Davidstern am Leitwerk ausgehen würde, ist eindeutig der besseren Führung zu verdanken. Offensichtlich hatten die Jägerleitoffiziere an den Konsolen in ihrem fliegenden Gefechtsstand der E-2C jederzeit ein komplettes Lagebild der syrischen Aktivitäten – vom Abheben auf der Piste in Höhe Null bis zum Abschuß.

Keinesfalls sollte man aus dem Ausgang der Luftkämpfe auf eine generelle Überlegenheit der westlichen Jagdflugzeuge schließen. Zwar befinden sich die über dem Beka'a-Tal eingesetzten MiG-21 und MiG-23 noch in über 2000 Exemplaren im Inventar der Sowjet-Union (und weiteren 1000 bei den Luftstreitkräften des WP. Aber einmal wird man annehmen dürfen, daß der Ausbildungsstand sowjetischer Piloten den der Syrer deutlich übertrifft. Zum andern modernisiert der Osten seine Luftflotten mit Waffensystemen der 4. Generation wie MiG 29 *Fulcrum,* von der 450 im Einsatz sind.

Der Angriff im Tiefstflug gegen die feindlichen Raketenstellungen wurde, folgt man israelischen Aussagen, wiederum erfolgreich praktiziert. Warum gelang der syrischen Flak anders als 1973 kein einziger Abschuß? Die Israelis selbst hüllen sich aus verständlichen Gründen in Schweigen. Die Vermutungen westlicher Beobachter gehen dahin, daß die syrische Flak durch das Artilleriefeuer eigener Bodentruppen niedergehalten wurde.

Eine wichtige Feststellung: solange ein Frühwarn- und Leitsystem mit den Fähigkeiten der *Hawkeye* nur auf einer Seite vorhanden ist, hat die andere Seite im Kampf Jäger gegen Jäger praktisch keine Chance. Wo Frühwarnflugzeuge auf *beiden* Seiten eingesetzt werden, geht die Möglichkeit zur Überraschung auch im Tiefflug weitgehend verloren.

Einschränkend muß man allerdings hinzufügen: die Luftschlacht über dem Beka'a-Tal war für die Führungs- und Leitfähigkeit der eingesetzten Flugzeuge maßgeschneidert. Der Luftkrieg über Europa hätte völlig andere Dimensionen. Wenn hunderte, ja tausende von Flugzeugen gleichzeitig in der Luft sind, dürften selbst die leistungsfähigsten Frühwarn- und Leitflugzeuge an die Grenzen ihrer Kapazität stoßen.

1966-1972: Nordvietnam[29]

In Nordvietnam spielte der Tiefflug keine Rolle. Bis Januar 1967 flogen die amerikanischen Luftstreitkräfte – vor allem die 7. Luftflotte der USAF und Trägerflugzeuge der US Navy – ihre Angriffe gegen Ziele im Norden in einer Höhe von 1 500 m. Damit wollte man sowohl die in niedrigen Höhen wirkende Flak als auch die FlaRaketen vermeiden, die für größere Höhen optimiert waren. Ab 1967 gelang es aber, alle Angriffsflugzeuge mit Zusatzbehältern für den elektronischen Kampf auszurüsten. Damit konnten die Feuerleitradars der Raketenstellungen so gestört werden, daß die Angriffshöhe auf 5 000 m heraufgesetzt werden konnte. In dieser Höhe war die Zielfindung, aber auch die Führung der eigenen Verbände wesentlich erleichtert. Ab 1967 mußten sich die F-105 und *Phantom* der Amerikaner zunehmend mit der Bedrohung durch MiG's auseinandersetzen. Die Nordvietnamesen verfügten über etwa 100 Maschinen der Typen MiG-17 und MiG-21, wobei insbesondere letztere, ausgerüstet mit Luft-Luft-Flugkörper vom Typ *Atoll,* von den Piloten als Hauptbedrohung empfunden wurden. Ungeachtet der vergleichsweise bescheidenen Zahlen und der technischen Unterlegenheit dieser Jäger sahen sich die Amerikaner gezwungen, für ihre Angriffsverbände aus F-105 Jagdbombern *Phantom* als Begleitjäger einzusetzen. Der »Erfolg« der nordvietnamesischen Jäger bestand häufig darin, daß sie die Jagdbomber durch ihr Auftauchen zum Abwerfen ihrer Bomben im Notwurf brachten.

Im Luftkrieg über Vietnam tauchte schließlich nach Jägern, Bombern und Aufklärern zum ersten Mal eine vierte Gattung auf: das für den elektronischen Kampf gegen feindliche Such- und Feuerleitradars spezialisierte Flugzeug auf, das sogenannte »Wilde Wiesel« (Wild Weasel). War seine Aufgabe zunächst nur das Stören, Blenden und Täuschen, so kam mit der Entwicklung von sogenannten Anti-Radar-Raketen die Ausschaltung feindlicher Radargeräte dazu.

Bewertung

Die zahlreichen politischen Restriktionen, denen die Luftkriegführung über Vietnam unterlag, lassen eine abschließende Wertung von Einsatzart und

---

29 Die Darstellung folgt dem Standardwerk von Armitage und Mason *Air Power in the Nuclear Age,* London 1983 (S. 106 ff.). Interessante Schilderungen der Luftkämpfe in Nordvietnam auch bei Spick, a.a.O. S. 199 ff.

Taktik nicht zu. Zu ungleich waren auch die Gegner: eine Weltmacht gegen ein Entwicklungsland. Dennoch wird man sagen können, daß im Luftkrieg über Nordvietnam ein schwacher Verteidiger den Angreifer bis zuletzt zu erheblichen Anstrengungen zwang und ihm die Luftherrschaft streitig machte: Der letzte große amerikanische Luftangriff gegen Hanoi und Haiphong, mit dem Nordvietnam an den Verhandlungstisch gebombt wurde, führte bei etwa 700 Einsätzen mit B-52 zu 16 Totalverlusten, obwohl gleichzeitig in großem Umfang F-111 und *Phantom* »Wilde Wiesel« Angriffe gegen die feindliche Luftverteidigung flogen.

Auf die Erfahrungen der amerikanischen Luftstreitkräfte mit Abriegelungseinsätzen in Vietnam wird unten noch einzugehen sein.

1982: Kampf um die Falkland-Inseln[30]

Bei Ausbruch der Feindseligkeiten verfügten die Argentinier über zahlenmäßig beachtliche Luftstreitkräfte: 17 *Mirage III*, 26 *Mirage V*, 69 A4 *Skyhawk*, 7 leichte Bomber *Canberra* und 5 *Super Entendard*. Die Briten konnten dagegen anfänglich nur die 22 senkrechtstartenden *Sea Harrier* der Flugzeugträger *Hermes* und *Invincible* aufbieten, die später durch weitere 20 *Harrier* von Marine und Luftwaffe verstärkt wurden. Für den Ausgang des Feldzugs war es wahrscheinlich entscheidend, daß der Flugplatz von Port Stanley nur über eine einzige Start- und Landebahn mit einer Länge von knapp 1400 m verfügte. Das reichte zwar für Lufttransportflüge mit C-130, nicht aber für die Kampfflugzeuge der argentinischen Luftwaffe aus. Diese mußte von ihren rund 700 km entfernten Plätzen in Südargentinien starten, operierten damit am Rande ihres Aktionsradius und verloren darüber hinaus bei An- und Rückflug viel Zeit. Ihre weit überlegene Geschwindigkeit konnten die *Mirage* gegen die *Harrier* auch nicht einsetzen, weil die Kraftstoffreserven dafür nicht ausreichten.

---

30 Vgl. dazu den offiziellen britischen Bericht: *The Falklands Campaign*. Cmnd 8758. December 1982. HM Stationery Office sowie Armitage/Mason a.a.O. S. 202 ff. Der Luftkrieg wurde ganz überwiegend defensiv geführt. 1100 Luftverteidigungseinsätze standen 215 Luft-Boden-Angriffe der kleinen HARRIER-Streitmacht gegenüber. *The Falklands Campaign*, S. 452.

Defensive erfolgreich

Durch geschickte Nutzung von Raum und Zeit und Konzentration des größten Teiles ihrer Kräfte auf die Luftverteidigung konnten die zahlenmäßig unterlegenen Briten nach und nach die Initiative gewinnen und Kräfte für die Unterstützung ihrer Bodentruppen freizumachen. Den Argentiniern gelang es zwar immer wieder, im Tiefstflug über Wasser den Jägerriegel der Briten zu durchbrechen und ihre Schiffe anzugreifen und mit großer Genauigkeit zu bombardieren. In vielen Fällen kam es aber zu Detonationsversagern, weil die aus dem Tiefflug geworfenen Bomben während ihrer kurzen Flugbahn nicht scharf wurden. Bei den Verlusten der Argentinier spielten nicht nur die Abschüsse durch *Harrier* (27) und die bordgestützten Flugkörpersysteme *Sea Wolf*, *Sea Cat* und *Sea Dart* (insgesamt 17) eine Rolle. 6 Flugzeuge stürzten bei Ausweichbewegungen im Tiefflug ab. Die Briten verloren demgegenüber keinen *Harrier* im Luftkampf. Soweit die Ursachen festgestellt werden konnten, gingen die Verluste (insges. 8) auf das Konto argentinischer Fla-Waffen.

Die Taktik des Angriffs im Tiefflug zeitigte also durchaus Erfolge, die aber mit großen eigenen Verlusten erkauft werden mußten. Dabei wurde die zunächst vorhandene dreifache Überlegenheit eingebüßt. Den Ausschlag gab schließlich der geschickte, flexible, überwiegend *defensive* Einsatz des kleinen *Harrier*-Verbandes und seine Überlegenheit im Luftkampf gegen die an der Grenze ihrer Reichweite operierenden Argentinier. Daß der Tiefstflug an und für sich nicht ungefährlich ist, beweist das halbe Dutzend argentinischer Flugzeuge, die durch unfreiwillige Wasser- oder Bodenberührung verloren gingen.

1979 - 1989: Afghanistan[31]

Der »Luftkrieg« über Afghanistan war zunächst eine sehr einseitige Angelegenheit. Kampfhubschrauber und Jagdbomber der Sowjetunion sowie Hubschrauber der regulären afghanischen Streitkräfte waren vor allem im

---

31 Die Geschichte des Luftkriegs in Afghanistan muß noch geschrieben werden. Da die Mujahedin kaum ein Kriegstagebuch geführt haben dürften, muß auf Glasnost von Seiten der Sowjet-Union gehofft werden. Drei Berichte von John Gunston, einem ehemaligen Offizier der britischen Armee, der heute als freier Journalist arbeitet, wurden in AW&ST veröffentlicht am 26. März und 29. Oktober 1984 sowie am 4. April 1988. Soweit ersichtlich handelt es sich dabei um einigermaßen zuverlässige Angaben, die neuerdings teilweise von sowjetischer Seite bestätigt wurden. Vgl. dazu Fußnote 32.

bergigen, unwegsamen Gelände eine ständige Bedrohung für die Mujahedin, die außer leichten Maschinenwaffen keine weitere Abwehrmöglichkeit hatten. Die Lage änderte sich 1983, als die afghanischen Widerstandskämpfer aus PLO-Beständen in Beirut eine größere Anzahl von russischen SA-7 Fla-Raketen erhielten und in einem ersten, für die Sowjets überraschenden Einsatz, 8 Hubschrauber vom Typ Mi-8 abschossen. In der Folge wurden die Hubschrauber mit Vorrichtungen zum Ausstoß von Leuchtkörpern ausgerüstet; die Jagdbomber – zum Einsatz gelangte vor allem die mit zwei Triebwerken ausgerüstete Su-25 *Frogfoot* – griffen im Tiefstflug an und ließen sich zusätzlich durch ein höherfliegendes Flugzeug schützen, das bei Gefahr gleichfalls Leuchtkörper ausstieß, um etwaige SA-7 abzulenken.

So gelang es zunächst, die Bedrohung auf ein tragbares Ausmaß zu reduzieren, was dadurch erleichtert wurde, daß die im Libanon beschafften SA-7 mit zunehmender Lagerungszeit immer häufiger versagten. 1985 und 1986 bildeten daher Luftangriffe vor allem für die Versorgungskarawanen der Mujahedin eine große Gefahr.

Stinger bringt die Wende

Im Oktober 1986 signalisierte der erste Einsatz einer von den USA über Pakistan gelieferten *Stinger*-Flugabwehrrakete die Wende in dem ungleichen Kampf. Zwar hielten sich die Abschußerfolge in Grenzen. Sie wurden 1988 auf einen pro Woche geschätzt. Aber die Sowjets waren gezwungen, entweder in Höhen zu operieren, in denen kein wirksamer Waffeneinsatz möglich war, oder die Taktik des Tiefstfluges zu wählen, was das Auffinden und Bekämpfen von Zielen fast unmöglich machte und zudem die angreifenden Flugzeuge dem Feuer kleinkalibriger Waffen aussetzte. Jedenfalls waren die Mujahedin in den letzten zwei Jahren des Krieges in der Lage, ihre Versorgung relativ ungestört durchzuführen und auch größere Verbände für geschlossene Einsätze örtlich zu konzentrieren. Es kann nicht ausgeschlossen werden, daß die *Stinger* ein mitbestimmender Faktor im Entschluß der Sowjetunion war, sich aus diesem Krieg zurückzuziehen.[32]

---

32 Jane's Soviet Intelligence Review, Vol. 1, Nr. 6, S. 271 (STINGER) »made the war unwinnable ... contributed to their decision to withdraw.«.

Eine erstaunliche Bilanz

1989 berichtete der stellvertretende Leiter des Entwicklungsbüros von Suchoi, *Wladimir P. Babak,* auf der Luftfahrtschau von Paris über 23 Abschüsse der *Frogfoot* durch die Mujahedin. Die Totalverluste seien vor allem darauf zurückzuführen, daß nach Treffer in einem Triebwerk sich das Feuer auf das zweite Triebwerk ausgebreitet habe. Nach Installierung eines verbesserten Feuerlöschsystems habe es keine Totalverluste mehr gegeben (aber wohl noch Triebwerktreffer, die nicht zum Absturz führten). Heute sei die Su-25 mit bis zu 256 Leuchtkörpern bestückt, womit sie sich gegen acht getrennte Raketenangriffe verteidigen könne.[33] Eine englische Quelle gibt die Gesamtverluste aufgrund von *Stinger*-Einsätzen mit 100 Hubschraubern, 31 Transportflugzeugen und 49 Kampfflugzeugen (neben der Su-25 wohl MiG-21 und MiG-23) an.[34]

Gefährlich für Freund und Feind

Die Fliegerfaust vom Typ *Stinger* hat sich in Afghanistan endgültig neben radargelenkten Flugkörpern und der Flak als ernstzunehmende Bedrohung besonders des in niedrigen Flughöhen operierenden Flugzeuges etabliert. Die Verteilung dieser Waffen bis auf die Kompanieebene bedeutet zugleich ein kaum lösbares Problem bei der Kontrolle ihres Einsatzes. Auf beiden Seiten muß wohl damit gerechnet werden, daß Infrarotraketen in der Hand einzelner Schützen in der Hitze des Gefechtes gegen überraschend auftauchende *eigene* Flugzeuge gerichtet werden und damit der Tiefflug auch über eigenem Gebiet gefährlich wird.

Libyen 1988: Flogger gegen Tomcat[35]

Zum letztenmal standen sich Jagdflugzeuge aus Ost und West im Dezember 1988 im Luftkampf gegenüber. Zwei F-14 *Tomcat* der 6. US-Flotte schos-

---

33 AW&ST vom 19. Juni 1989, S. 31.
34 So Jane's Soviet Intelligence Review, a.a.O. (Anm. 32). Der gleichen Quelle ist die hübsche Geschichte von dem neuzuversetzten Piloten in Afghanistan zu entnehmen, der einen »alten Hasen« fragte, wie man sich vor den Boden-Luft-Raketen am besten schützen könne. Die Antwort: »Lies den Koran!«
35 Der Funksprechverkehr wurde in AW&ST wiedergegeben und erlaubt eine Rekonstruktion des Ablaufs.

sen zwei libysche MiG-23 ab, die sich nach amerikanischer Darstellung ihrem Flottenverband in feindlicher Absicht näherten. Die *Tomcat* wurden von einem Frühwarn- und Leitflugzeug der Marine geführt, das die libyschen *Flogger* bereits beim Start auffaßte und daher in der Lage war, die eigenen Jäger in ideale Schußposition zu bringen. Die erste MiG wurde von vorn mit einer radargelenkten *Sparrow*-Rakete, die zweite in der Verfolgung durch eine *Sidewinder* mit Hitzesuchkopf abgeschossen. Die Libyer kamen nicht dazu, ihre eigenen Waffen einzusetzen, zumal sie von ihrer eigenen Bodenleitstelle in eine Flughöhe dirigiert wurden (4 000 Fuß *über* den F-14!), die sie den tiefer fliegenden *Tomcat* nahezu wehrlos auslieferte. Auch dieser Fall - man zögert fast, von einem *Luftkampf* zu sprechen - beweist, daß der Erfolg heute das Produkt einer Vielzahl von Faktoren ist. Neben den Leistungsdaten des Flugzeuges und dem Ausbildungsstand seiner Besatzungen spielt die Qualität des Leitsystems und die der Bordwaffen oft eine entscheidende Rolle.

9 Bilanz der Erfahrungen

Bei der Betrachtung von Ausschnitten aus dem Luftkriegsgeschehen aus dem letzten Vierteljahrhundert lassen sich eine Reihe von Erkenntnissen gewinnen. Über ihre Übertragbarkeit auf zukünftige Situationen ist damit noch nichts Definitives ausgesagt. Dennoch können sie zur Beurteilung der Erfolgsaussichten künftiger Operationen mit herangezogen werden, solange keiner Seite ein entscheidender technischer Durchbruch gelungen ist.

Luft-Boden-Einsätze

Luft-Boden-Einsätze im Tiefflug ohne vorherige Ausschaltung der Bedrohung durch auch in niedrigen Höhen wirkende Fla-Raketen sind verlustreich, vor allem, wenn der sehr tiefe Bereich zusätzlich durch leistungsfähige Maschinenwaffen abgedeckt wird (Nahost 73, Falkland). Im Nahbereich bietet sich das Zusammenwirken mit eigenen Landstreitkräften an, wie im *Beka'a*-Tal erfolgreich von den Israelis praktiziert. Die Bodenluftverteidigung darf wegen der Zahl und Vielfalt ihrer Systeme auch in Zukunft als eine ausgesprochene Stärke des Warschauer Paktes bezeichnet werden.

Verbundene Operationen

Die Durchsetzungsfähigkeit eigener Luftangriffsoperationen gegen eine starke bodengebundene und fliegende Luftverteidigung scheint noch am ehesten in verbundenen Operationen möglich, bei denen eigene Jabo-Kräfte durch Jäger, Aufklärer und elektronischen Kampf gegen Radar- und Feuerleitgeräte unterstützt und zusätzliche Mittel zur Niederhaltung der feindlichen Flugabwehr eingesetzt werden. Wie die Beispiele Vietnam und *Beka'a*-Tal zeigen, ist der Aufwand für derartige Operationen sehr hoch.

Jägereinsatz

Jägereinsätze erwiesen sich dann als besonders erfolgreich, wenn Angreifer frühzeitig erkannt und eigene Kräfte in günstige Schußposition geführt werden konnten. Vorteilhaft für den Jäger ist auch die geringe Manövrierbarkeit schwerbeladener Jagdbomber, gegen die auch technisch unterlegene Jäger aus sowjetischer Fertigung Erfolge erzielen konnten (Vietnam, Nahost 1973). Künftig dürften Frühwarn- und Leitflugzeuge den Erfolg von Jägeroperationen entscheidend mitbestimmen (*Beka'a*-Tal, Libyen).

Fliegerfaust

Mit dem Aufkommen tragbarer Lenkraketen wie der SA-7 und ihren Nachfolgern SA-14 und SA-16 auf östlicher und der *Stinger* auf westlicher Seite, die in großen Stückzahlen vorhanden und praktisch nicht aufzuklären sind, ist tieffliegenden Flugzeugen eine neue Bedrohung erwachen, die zwar in schnellem Tiefstflug überwunden werden kann. Dabei geht jedoch die Fähigkeit zur Bekämpfung beweglicher Ziele weitgehend verloren (Nahost 1973, Afghanistan).

Kampf gegen Flugplätze (Counter Air)

Den großen Erfolg, den die Israelis 1967 mit ihrem überraschenden Schlag gegen die Flugplätze hatten, konnte sie 1973 nicht wiederholen. Inzwischen hatten sich die Relationen zwischen Angreifer und Verteidiger durch den Bau zusätzlicher Flugplätze, von Flugzeugschutzbauten und den Ausbau der Luftverteidigung grundlegend geändert. Die Zahl der am Boden zerstörten Flguzeuge ging um 95 % zurück (nach US-Angaben); über die bei der Einsatzart Counter Air eingetretenen Verluste sind leider keine Angaben erhältlich. Jedenfalls wurde für die zeitweise Lähmung von Flugplätzen und die Zerstörung von Startbahnen ein erheblicher Preis bezahlt.

Die Aufschlüsselung der Verluste im Nahost-Krieg 1973 beweist eindeutig, daß der Luftkrieg von den israelischen Jägern gewonnen, so wie er 1967 durch den Luftangriff entschieden wurde. Man sollte sich daher vor der Schlußfolgerung hüten, daß der Luftangriff allgemein die stärkere Form der Luftkriegführung ist. Allenfalls läßt sich folgern, daß die Vernachlässigung der Luftverteidigung einem Gegner, der zur Präemtion entschlossen ist und dem die Überraschung gelingt, große und vielleicht entscheidende Vorteile bringt.

10 Offensive Operationen

Wie dargelegt, glaubt die NATO, durch offensive Operationen gegen feindliche Luftstreitkräfte auf ihren Flugplätzen den Nachteil der zahlenmäßigen Unterlegenheit ausgleichen und die Initiative sowie wenigstens zeitlich und örtlich begrenzt *Luftüberlegenheit* gewinnen zu können, nachdem die eigene Luftverteidigung zunächst den ersten Schlag des Angreifers abgewehrt hat. Luftüberlegenheit über eigenem Territorium kann – zumindestens theoretisch – auch durch die eigene bodengebundene und fliegende Luftverteidigung erkämpft werden.[36] Luftüberlegenheit über dem Territorium des Gegners setzt dagegen offensives Vorgehen gegen seine Kräfte voraus. Die NATO ist auf diese Überlegenheit angewiesen, wenn sie ihre zweite Aufgabe – den Kampf gegen die feindlichen Folgestaffeln in der Tiefe – erfolgreich bewältigen will. Die zweite Aufgabe setzt die erfolgreiche Lösung der ersten voraus, und für beide benötigt die NATO die Fähigkeit, schnell und tief über über weite Entfernungen im feindlichem Gebiet zu operieren. Dabei soll nicht unterschlagen werden, daß der offensive Kampf gegen die feindlichen Luftstreitkräfte auch der eigenen Luftverteidigung nützt, jedenfalls dann, wenn er aufwandswirksam geführt wird. Jedoch sind OCA-Einsätze für die Luftüberlegenheit über eigenem Gebiet eine Frage der Zweckmäßigkeit, für die Abriegelung in der Tiefe dagegen eine notwendige Voraussetzung. Um welche Größenordnung es sich bei beiden Aufgaben handelt, welche Schwierigkeiten auftreten und und wie sie gelöst werden sollen, sei im folgenden näher untersucht.

Die Flugplätze des Warschauer Paktes

Die Flugplätze des Warschauer Paktes, die von taktischen Fliegerkräften der NATO erreicht werden können, sind über das Gebiet der DDR und der CSSR verteilt. Die eigenen Jagdbomberplätze liegen überwiegend westlich des Rheins und in Bayern. Als mittlere Entfernung zu den Zielen offensiver Operationen kann von etwa 450 km Luftlinie ausgegangen werden, wobei

---

36 So erkämpfte sich der kleine britische Einsatzverband vor den Falkland-Inseln durch rein defensives Verhalten die Luftüberlegenheit in seinem Seegebiet und im Bereich der Anlandungen.

Umwege zur Vermeidung besonders starker feindlicher Luftverteidigungszonen oder wegen vorgeschriebener Benutzung von Korridoren hinzuzurechnen wären.[37]

Auch für moderne Flugzeuge, die wie der *Tornado* auf westlicher und die *Fencer* auf östlicher Seite konstruktiv für den Tiefflug optimiert sind, handelt es sich dabei um beträchtliche Entfernungen. Dem Streitkräftevergleich des Londoner Instituts für Strategische Studien sind die folgenden Leistungsdaten entnommen, die das belegen.[38]

Tabelle 7

Leistungsdaten von Kampfflugzeugen der NATO und des WP

Name		Zuladung (kg)	Aktionsradius (km)	
			tief	hoch
MiG-23	*Flogger*	3.000	450	950
Su-24	*Fencer*	8.000	320	1.130
F-4	*Phantom*	5.900	-	840
	Tornado	6.800	-	1.390

Aktionsradius im Tiefflug deutlich reduziert

Wie aus der Tabelle ersichtlich, geht der Aktionsradius im Tiefflug deutlich zurück. Das liegt daran, daß ein Düsentriebwerk umso wirtschaftlicher arbeitet, je höher das Flugzeug fliegt. In der offenen Literatur sind zwar nur die geschätzten Zahlen für östliche Systeme genannt. Man kann aber davon ausgehen, daß auch bei westlichen Flugzeugen Abstriche von dem veröffentlichten Aktionsradius in großer Höhe (mehr als 11.000 m) in vergleichbarer Größenordnung gemacht werden müssen. Jagdbomber beider Seiten operieren also beim Tiefangriff gegen Flugplatzziele im Grenzbereich ihres Aktionsradius, falls sie mit voller Waffenzuladung fliegen. Das bedeutet, daß nennenswerte Treibstoffreserven, etwa für die Erhöhung der Marschgeschwindigkeit oder die Aufnahme von Luftkämpfen, nicht zur Verfügung stehen.

---

37 In Ost-West-Richtung beträgt die Entfernung Hopsten-Stendal etwa 250 km; Nörvenich-Bautzen dagegen etwa 540 km.
38 MB 88-89, S. 238-240.

Warschauer Pakt hat wesentlich mehr Flugplätze

Neben der Entfernung der gegnerischen Plätze ist ihre Gesamtzahl ein wichtiger Faktor. Da die Belegungsgrundsätze sich in Ost und West ähneln – ein Geschwader oder Regiment mit zwei bis drei Staffeln und 40 - 70 Flugzeugen belegt einen Platz – ergibt das für den Warschauer Pakt aufgrund der doppelt so hohen Flugzeugzahlen auch einen entsprechend größeren Bestand an Plätzen, die als Ziele eines offensiven Einsatzes infrage kämen.

Wie die NATO übt: Tactical Air Meet 88[39]

Mit welchem Kräfteansatz und mit welcher Taktik will die NATO ihr Ziel »Kampf gegen die feindlichen Luftstreitkräfte am Boden« erreichen? Die Zeitschrift NATO'S SIXTEEN NATIONS hat 1988 in einer Sonderausgabe geschildert, wie sich die Luftstreitkräfte von neun NATO-Staaten auf den taktischen Luftkrieg vorbereiten. »Es gab einmal eine Zeit« schreibt der Wing Commander *Pugh* von der Royal Air Force »als die NATO annahm, daß die Entdeckung und Bekämpfung schnell und sehr tief fliegender Flugzeuge so unwahrscheinlich war, daß der schnelle Tiefflug einen hohen Grad an Überlebensfähigkeit sowohl gegen die bodengebundene Luftverteidigung als auch ggen feindliche Jäger bot.« *Pugh* beschreibt dann die Verbesserung der feindlichen Abwehr und kommt zu dem Ergebnis, »daß tieffliegende Flugzeuge jetzt in hohem Maße verwundbar sind, wenn sie sich nicht selbst schützen können, oder falls die feindlichen Luftverteidigungssysteme nicht in ihrer Wirkung herabgesetzt oder gestört werden können.« Diese Feststellung deckt sich mit den Erkenntnissen der Analyse des Luftkriegsgeschehens der letzten 20 Jahre.

Die »Composite Air Operation«

Eine taktische Antwort auf die gestiegene Bedrohung von tieffliegenden Flugzeugen ist die »composite air operation«, kurz auch als CAO bezeichnet. Es handelt sich um *eine* Form der verbundenen Luftkriegsoperation (andere sind denkbar), die uns bereits aus dem Luftkrieg in Nord-Vietnam bekannt ist und die von den Israelis weiter vervollkommnet wurde. Spezial-

---

39 NATO'S SIXTEEN NATIONS Sonderausgabe »TACTICAL AIR MEET '88«.

flugzeuge für den elektronischen Kampf werden auf die feindliche Luftverteidigung und ihre Radargeräte angesetzt, ein Frühwarn- und Leitflugzeug übernimmt die Führung eigener Jäger, Spezialflugzeuge stören die Funkverbindungen, Aufklärer liefern Zielinformationen und werten nach dem Angriff die Ergebnisse aus. Erst im Verbund mit diesen Kräften haben die eigenen Jagdbomber die Chance, sich gegen die feindliche Abwehr mit tragbaren Verlusten durchzusetzen. – In zwei großen Übungen (1986 in *Kleine Brogel* und 1988 in *Baden-Söllingen*) wurden diese CAO-Verfahren unter Beteiligung von jeweils 60 Flugzeugen praktisch erprobt.

Bericht eines Teilnehmers

Der deutsche Oberstleutnant *Rolf G. Berns* hat seinen Einsatz im Rahmen des »Tactical Air Meet '88« in der schon erwähnten Sondernummer der Zeitschrift NATO'S SIXTEEN NATIONS plastisch beschrieben – einen Angriff von Baden-Söllingen aus auf zwei nahe Nancy gelegene Flugplätze (wahrscheinlich Ochey und Toul-Rosieres). Insgesamt bildeten mehr als 60 Flugzeuge den Einsatzverband. Alle starteten innerhalb von 30 Minuten vom gleichen Platz und bildeten dann innerhalb des Verbandes taktische Formationen von vier oder zwei Flugzeugen (Schwärme oder Rotten). Die Einweisung der teilnehmenden Besatzungen, Vorbesprechungen und individuelle Kartenvorbereitung nahm mehrere Stunden in Anspruch. Eine Mindesthöhe von 500 Fuß (150 m) wurde nicht unterschritten. Französische Jäger, die den Feind darstellten, wurden von eigenen Begleitjägern erfolgreich abgefangen. Das eigene Ziel war eine Flakstellung auf dem Flugplatz, deren Richtschütze durch die aus unterschiedlichen Richtungen angreifenden Flugzeuge so verwirrt war, daß er mit seinem Geschütz »Karussel« fuhr. Der Rückflug erfolgte nicht auf dem kürzesten Weg, sondern über Verdun und Metz. Die Nachflugbesprechung mit Auswertung aller Filme, Videobänder und sonstigen Berichte und Beobachtungen fand etwa sechs Stunden nach der Landung statt.
Die Berichte über das Tactical Air Meet '88 lassen eine Reihe von Rückschlüssen zu. Einmal sind die Vorbereitungen einer verbundenen Luftkriegsoperation erheblich. Sie wurden in der vorliegenden Übung dadurch erleichtert, daß alle teilnehmenden Flugzeuge und Besatzungen vorübergehend auf dem gleichen Platz stationiert sind. Im Ernstfall dürfte die Koordination der Teilnehmer, die wegen ihrer unterschiedlichen Einsatzrollen auf unterschiedlichen Plätzen stationiert sind, einen tendenziell größeren Aufwand erfordern.

Perfekte Synchronisation erforderlich

Die Zusammenstellung des Verbandes ist bei Start von einem Platz vergleichsweise einfach. Zwar ist die Zusammenführung bei Starts von verschiedenen Plätzen unter Friedensbedingungen gleichfalls ein lösbares Problem. Schwierigkeiten können sich aber im Ernstfall durch Feind- oder Wettereinwirkungen ergeben. Wenn die perfekte Sychronisation aller Teilformationen zum Gesamtverband nicht gelingt, kann ein Ziel der Operation, nämlich die Saturierung der feindlichen Luftverteidigung durch viele gleichzeitig auftauchende Ziele, nicht erreicht werden.

Problem des Jagdschutzes

Bei dem von Oberstleutnant Berns geschilderten Einsatz gelang den eigenen Begleitjägern der erfolgreiche Schutz der Jagdbomber. In diesem Bereich liegt sicherlich ein großer Unsicherheitsfaktor. Was ist, wenn sich feindliche Jäger nicht in Luftkämpfe mit der Bombereskorte einlassen? Oder wenn sie zahlenmäßig so stark sind, daß sie es mit Jägern und Bombern aufnehmen können? Welche Chancen bestehen unter diesen Umständen, den Zusammenhang des Gesamtverbandes oder auch der Teilformationen zu wahren – noch dazu, wenn nicht »friedensmäßig« in 500 Fuß, sondern in Baumwipfelhöhe geflogen wird?

Übungskünstlichkeiten

Es gab weitere Übungskünstlichkeiten. Die teilnehmenden Piloten waren alle besonders erfahren (mindestens 1800 Flugstunden). Die Angriffsziele lagen in bequemer Entfernung (Söllingen-Nancy) und die Jagdbomber flogen ohne ihre Bombenlast. Die Zahl der feindlichen Jäger wurde nicht angegeben; aber wenn es keinem einzigen gelang, sich den angreifenden Jagdbombern zu nähern, dürften sie kaum in der Überzahl angegriffen haben, die über dem Territorium des Warschauer Paktes zu erwarten ist. Zudem verfügten die französischen Feinddarsteller – anders als die Angreifer – nicht über die Unterstützung durch einen fliegenden Gefechtsstand.
Das Oberstleutnant Berns zugewiesene *Ziel* war eine *Flakstellung,* die der Luftverteidigung im Flugplatznahbereich diente. Es war sicher nicht die einzige. Selbst wenn das Ziel als zerstört angesehen werden kann – wie schnell kann ein neues Flakgeschütz zugeführt werden? Verbundene Luft-

kriegsoperationen sind offensichtlich sehr aufwendig, und ein Teil der Anstrengungen ist auf Objekte gerichtet, die nicht zu den eigentlichen Zielkategorien gehören: Die Flugzeuge und ihre Schutzbauten, die Startbahnen, die Führungs- und Versorgungseinrichtungen.

Realistische Übungen im Frieden?

Übungen unter Friedensbedingungen können aus vielerlei Gründen den Einsatzauftrag nur unvollkommen simulieren. Realistische Geschwindigkeiten und Flughöhen verbieten sich über Mitteleuropa, und auch das Fliegen mit voller Bombenlast ist bei derartigen Übungen nicht möglich. Dennoch gibt es Übungselemente, die der voraussichtlichen Wirklichkeit besser angepaßt werden könnten, wie z.B. die Entfernung der Ziele, die Beteiligung von Flugzeugführern mit unterschiedlicher fliegerischer Erfahrung und eine realistische Feinddarstellung. Zu denken wäre auch an eine Kürzung der Vorbereitungszeiten. Im Ernstfall sollen ja auch Flugzeuge und Besatzungen mehrmals täglich zum Einsatz kommen.

Ziele und eigene Kräfte

Setzt man den Kräftebedarf für eine einzige Operation dieser Art in Relation zu den vorhandenen Zielen und insgesamt verfügbaren Kräften, dann ergeben schon überschlägige Berechnungen, daß eine Bekämpfung *aller* mit taktischen Fliegerkräften belegten Flugplätze selbst dann nicht möglich sein wird, wenn alle dafür geeigneten eigenen Kräfte eingesetzt werden, d.h. also, wenn keine Jagdbomber mit nuklearer Doppelrolle in Reserve gehalten und Jagdflugzeuge mit Mehrrolleneignung für den Luftangriff freigegeben werden. In der Anfangsphase dürfen keine überproportionalen Verluste durch Luftangriffe des Gegners eingetreten sein. Schließlich müssen bei der Berechnung des Kräftebedarf die eigenen Verluste mit einkalkuliert werden. Nicht alle Jagdbomber erreichen ihre Ziele.
Es liegt von daher nahe, sich von Anfang an auf die Plätze zu konzentrieren, von denen eine besondere Gefährdung für die eigenen Kräfte ausgeht. Plätze etwa, auf denen der schwere, allwetterkampffähige Jagdbomber *Fencer*, das östliche Gegenstück zum *Tornado*, disloziert ist. Der Nachteil einer solchen Strategie: einmal wird der Gegner diese für ihn besonders wertvollen Flugzeuge auch besonders intensiv verteidigen. Er wird seine *Fencer* auf seinen rückwärtigen Flugplätzen dislozieren und damit ihre Bekämpfung

weiter erschweren. Aber selbst wenn die Angriffe der NATO auf das offensive Potential des Warschauer Paktes erfolgreich sind, so ist damit noch nicht viel gewonnen. Der NATO muß es *auch* darauf ankommen, die Luftverteidigung des WP so zu schwächen, daß eigene Luftstreitkräfte mit Aussicht auf Erfolg – also ohne allzu große eigene Verluste – die Folgestaffeln des Warschauer Paktes bekämpfen können. Das kann nicht gelingen, wenn die Plätze, auf denen seine Jagdflugzeuge stationiert sind, ungeschoren bleiben.

Die Alternative: Lähmung?

Als Alternative zur Erringung der Luftüberlegenheit durch Vernichtung des feindlichen Potentials am Boden bietet sich die vorübergehende Lähmung seiner Flugplätze an, da die zur Bekämpfung der feindlichen Landstreitkräfte erforderliche Luftüberlegenheit nur zeitlich und örtlich beschränkt erkämpft werden muß. Lähmung ist auf zweierlei Weise möglich: durch Zerstörung der Startbahnen, sodaß bis zum Abschluß der Instandsetzung keine Starts und Landungen möglich sind, oder durch Angriffe mit Flächenwaffen. Dabei werden aus einem Spezialbehälter viele kleine Sprengkörper ausgestoßen. Diese sind mit Zeit- oder anderen Zündern versehen, über eine große Fläche verstreut und machen bis zu ihrer aufwendigen Räumung Fahrzeug- und Flugzeugbewegungen auf dem »gelähmten« Platz unmöglich.
Für die Lähmung eines Platzes wird nur ein Bruchteil des für seine Zerstörung erforderlichen Kräfteansatzes benötigt. Der Einsatz auch dieser kleineren Formationen würde im Verbund mit anderen Operationen so geplant, daß eine möglichst hohe Durchsetzungsfähigkeit gegeben ist. Ein weiterer Vorteil besteht darin, daß die Forderung an die Treffgenauigkeit von Flächenwaffen nicht so hoch sind ist wie bei Bomben, mit denen die Startbahn getroffen werden soll. Daher können Flächenwaffen aus dem Tiefflug und notfalls auch ohne vorherige visuelle Identifizierung des Zieles eingesetzt werden. Eine gewisse Höhe ist allerdings erforderlich, um die gleichmäßige Verteilung der Kleinsprengkörper auf die Zielfläche zu ermöglichen.

Kein Wundermittel

Ein Wundermittel ist auch der Einsatz von Flächenwaffen nicht. Möglichkeiten zur schnellen Räumung von Lauermunition werden entwickelt werden. Auch werden Verluste eintreten vor allem, wenn Frühwarnflugzeuge des Warschauer Paktes die angreifenden kleinen Formationen frühzeitig orten, die eigene bodengebundene Luftverteidigung vorwarnen und eigene Jäger zur Bekämpfung ansetzen können. Ein Jabo, der mit einem mehrere Tonnen schweren Behälter unter dem Rumpf eine längere Strecke über feindlichem Gebiet zurücklegen muß, ist ein sehr gefährdetes Ziel.

Look-down-shoot-down

Es sollte an dieser Stelle auf die Möglichkeiten moderner Jäger eingegangen werden, tieffliegende Flugzeuge zu erfassen und zu bekämpfen. Das erste Problem besteht darin, zur richtigen Zeit am richtigen Ort zu sein, denn das Radargerät des Jagdflugzeuges sieht nur mit einem beschränkten Winkel nach vor. Befindet es sich in einer Warteschleife, kann es die mutmaßliche Annäherungsrichtung immer nur zeitweise mit dem Radar überwachen. Eine zweite Einschränkung ergibt sich aus der begrenzten Erfassungsreichweite des Bordradars. Schließlich verrät es nicht nur seine Position, sondern auch seinen Flugzeugtyp, wenn er mit eingeschaltetem Radar nach Tiefliegern sucht. Selbst wenn - mehr oderweniger zufällig - ein Tieffliger entdeckt wird, bleibt das Problem der Bekämpfung, das wesentlich schwieriger ist als die Entdeckung.
Die eigentliche Gefährdung dürfte daher von Jägern ausgehen, die von Frühwarnflugzeugen an das Ziel herangeführt werden und die, wenn sie einmal Sichtkontakt haben, auf Radar oder Luft-Luftraketen (die störanfällig sind) nicht mehr angewiesen sind. Ein israelischer Pilot drückte das so aus: Mit *Shafrir* und *Sidewinder* hatten wir gute Erfolge. Einige Ziele haben wir auch mit der (radargelenkten) *Sparrow* erledigt. Aber mit der Kanone haben wir immer getroffen - *the gun never missed.*

Zerstörung der Startbahnen

Der Einsatz von Bomben gegen Startbahnen wäre eine Alternative zum Einsatz von Flächenwaffen mit Lauermunition. Inzwischen sind Startbahnbomben entwickelt, die beim Auftreffen nicht einfach nur Krater verursachen, die man schnell wieder zuschütten kann. Moderne Startbahnbomben führen zu Verwerfungen der Betondecke, die nur mit erheblichem Aufwand zu beheben sind. Der Nachteil dieser Einsatzart: um die beabsichtigte Wirkung zu erzielen, muß die Bombe genau treffen. Das legt einen Zielanflug in der

Verlängerung der Startbahn nahe. Ein Verteidiger, der seine Maschinenwaffen entsprechend postiert, hat damit wesentlich bessere Abwehrmöglichkeiten.

Rückverlegung

Der Warschauer Pakt hat gegenüber offensiven Operationen der NATO eine weitere Reaktionsmöglichkeit. Er kann seine Kräfte – oder einen Teil davon – nach hinten verlegen, also etwa auf Plätze in Polen, die für Luftangriffskräfte der NATO nicht erreichbar sind. Aufgrund des hohen Grades an Standardisierung innerhalb des Warschauer Paktes sind bei Wartung, Betankung und Munitionierung keine größeren Probleme zu erwarten. Gewisse Einbußen etwa bei der Verweilzeit von Jagdflugzeugen in den Luftverteidigungszonen können von der anderen Seite mit ihrer großen quantitativen Überlegenheit sehr viel eher in Kauf genommen werden als bei der NATO.

Führung über eigenem Gebiet

Ein Faktor, der sich zugunsten des Verteidigers auswirkt, ist die praktische Möglichkeit der Frühwarnung und Jägerleitung. Das gilt zunächst einmal für die bodengestützte Organisation, die im eigenen Raum bessere Möglichkeiten hat. Aber auch bei Nutzung der Möglichkeiten von fliegenden Frühwarnsystemen ist der Verteidiger im Vorteil. Wenn *Awacs* auf der einen und *Mainstay* auf der anderen Seite etwa über gleiche Möglichkeiten verfügen, kann man von einer Erfassungsreichweite von 500 km ausgehen. Frühwarnflugzeuge sind natürlich im Konfliktfall Ziele höchster Priorität. Die Entfernung von feindlichen Luftkriegsmitteln ist dabei ihr bester Schutz. Um das Verteidigungsgefecht über der DDR zu leiten, könnte der fliegende Gefechtsstand des WP über Posen kreisen, während das *Awacs* der NATO über Dortmund Position beziehen müßte, wenn es die DDR überblicken will. Es wäre damit in einer sehr viel verwundbareren Position. Daß die andere Seite die Bedeutung der Frühwarnung für den Ausgang der Luftschlacht begriffen hat, beweist die Tatsache, daß sie ein FlaRaketensystem großer Reichweite, die SA-5, in der DDR disloziert hat. Die NATO verfügt über keine vergleichbare Waffe.

Raum, Zeit und Kräfte im Luftkrieg

Eine abschließende Bewertung der Option »Kampf gegen feindliche Luftstreitkräfte am Boden« soll hier noch nicht erfolgen. Jedoch zeigt die Analyse der Faktoren schon jetzt, daß Raum, Zeit und Kräfte ihre Bedeutung auch im Luftkrieg besitzen. Zwar können Luftkriegsmittel Raum angriffsweise schnell überwinden und zu konzentriertem Einsatz gebracht werden. Aber auch der Verteidiger kann die Eigenschaften von Luftkriegsmitteln nutzen. Je größer die Entfernungen, die ein Angreifer zurücklegen muß, umso mehr Zeit bleibt ihm, seinerseits Verteidigungsschwerpunkte zu bilden und seine Kräfte schnell und flexibel zu konzentrieren, vor allem, wenn er die Möglichkeiten der Frühwarnung für die Erstellung eines aktuellen Lagebildes nutzt. Wo die Überraschung nicht gelingt, ist der wichtigste Vorteil der Offensive dahin.

11 Kampf in der Tiefe

Air Interdiction (AI)

Die zweite Aufgabe, die das weite Eindringen in das Gebiet des Gegners im Tiefflug erfordert, ist die Bekämpfung seiner Reserven, der sogenannten zweiten Staffeln. Darunter sind frische Verbände zu verstehen, die zur Ablösung der Verbände der ersten Staffel bestimmt sind. Aufgrund seiner sehr viel größeren Zahl an Großverbänden kann sich der Warschauer Pakt den staffelweisen Angriff leisten. Die NATO plant, die Folgekräfte des Gegners lange vor ihrem Erscheinen auf dem Gefechtsfeld mit Luftstreitkräften bis zu einer Entfernung von mehreren hundert Kilometern in der Tiefe des gegnerischen Raumes anzugreifen.

Derartige Einsätze begegnen teilweise den gleichen Schwierigkeiten wie der offensive Kampf gegen feindliche Flugplätze. Die Ziele liegen weit von den eigenen Basen entfernt. Ein großer Teil des An- und Rückfluges führt durch feindliches Gebiet mit starker Luftverteidigung. Die anzugreifenden Verbände verfügen über eigenen Flak- und Fla-Raketen-Schutz, von den Fliegerfäusten angefangen über die altbewährte Vierlingsflak bis hin zu modernsten radar- und infrarotgelenkten Flakraketen-Systemen. Angesichts der Stärke der feindlichen Luftverteidigung setzen die eigenen Kräfte auf die Taktik des Tiefstfluges.

Der Hauptunterschied zwischen *Air Interdiction (AI)* und Angriffen gegen feindliche Flugplätze liegt darin, daß AI-Ziele beweglich sind oder doch besonders aufgeklärt werden müssen. Je kürzer der Zeitpunkt zwischen Aufklärung und Angriff, umso günstiger. In aller Regel wird es erforderlich sein, in der Endanflugphase das Ziel nach Sicht oder mit einem bordeigenen Sensor zu identifizieren. Dazu ist wenigstens kurzfristig das Einnehmen einer Flughöhe erforderlich, die eine quasi-optische Verbindung zum Ziel ermöglicht. Damit setzt sich der Jagdbomber in der Nähe des Zieles der dort besonders stark konzentrierten Verteidigung aus. In Abhängigkeit vom Gelände kann der Angreifer gezwungen sein, bestimmte Anflugrichtungen zu wählen, was die Aufgabe des Verteidigers erleichtert.

Spätestens seit dem zweiten Weltkrieg gehört es zu den Aufgaben von Luftstreitkräften, das Heranführen von Reserven in der Tiefe des Raumes oder jedenfalls vor Erreichen des Gefechtsfeldes zu unterbinden. Die Wirksamkeit solcher *Abriegelungseinsätze* ist umstritten.[40]

1944

Im Juni 1944 vertrauten die Alliierten bei der Invasion darauf, daß es ihren Luftstreitkräften gelingen würde, jede Bewegung der deutschen Eingreifreserven zu unterbinden. Sie konnten sich auf eine Überlegenheit in der Luft stützen, die wohl einmalig bleiben wird: 8 300 Einsatzflugzeuge, die täglich mehrere Einsätze fliegen konnten, gegen knapp hundert Einsätze der Luftwaffe. Dennoch erreichte die 21. Panzerdivision das Gefechtsfeld bereits am ersten Tag mit nur geringen Verlusten durch Luftangriffe. Der Anmarsch der Panzerlehrdivision wurde immer wieder unterbrochen, aber ihre Verluste betrugen nur knapp 10 %. Selbst der legendäre Opfermarsch der 2. SS-Panzerdivision von Toulouse an die Normandiefront wurde durch Luftangriffe und Résistance-Einwirkung immer wieder aufgehalten. Die Verluste an Panzern und gepanzerten Fahrzeugen blieben dennoch gering.
In einer späteren Phase der Invasion versuchte die 2. taktische Luftflotte den Ausbruch der deutschen gepanzerten Kräfte aus dem Kessel von Falaise zu verhindern. Die Deutschen mußten einen knapp zwei Kilometer breiten Korridor passieren, gegen den die Alliierten täglich über 3 000 Einsätze flogen. Als das Gefechtsfeld anschließend inspiziert wurde, fand man lediglich zehn Panzer, die aufgrund von Luftangriffen ausgefallen waren.

Koreakrieg

1952 hatte sich amerikanische Luftmacht die Luftherrschaft über Korea erkämpft. In der »Operation Strangle« erhielten die US-Luftstreitkräfte den Auftrag, den Nachschub für die chinesische Armee zu unterbinden. Ihre zahlenmäßige Überlegenheit war beeindruckend, eine gewaltige Menge an Bomben wurde abgeworfen. Dennoch war nach dem Urteil von General *Matthew Ridgeway* das Offensivpotential der Chinesen, die seiner 8. Armee

---

40 Kritisch in jüngster Zeit Thomas X. Hammes, *Rethinking Air Interdiction.* United States Naval Institute Proceedings, Dezember 1987, S. 50 ff. Weiter geht Charles E. Myers, *Abriegelung in der Tiefe des Raumes,* der »katastrophale Auswirkungen für den Angreifer« für den Fall befürchtet, daß Abriegelungseinsätze wie im 2. Weltkrieg, Korea und Vietnam geflogen würden. United States Naval Institute Proceedings, November 1980, S. 47 ff.

gegenüberstanden, am Ende der 10-monatigen Abriegelungskampagne größer als je zuvor. Der Kommandierende General der Far East Air Force, General *Weyland,* sah das allerdings anders und verwies darauf, daß das Ziel der Abriegelungskampagne nicht gewesen sei, den Chinesen die Fähigkeit zu Angriffen mit *begrenzter* Zielsetzung zu nehmen. (Die unterschiedliche Bewertung von Luftwaffeneinsätzen durch Heer und Luftwaffe hat eine lange Tradition).

Vietnam

Am 30. März 1972 begannen die Nordvietnamesen eine großangelegte Invasion von Südvietnam mit konventionellen Kräften. Ungeachtet sofort einsetzender Abriegelungseinsätze der amerikanischen Luftstreitkräfte (einschließlich 5 000 Angriffe mit B 52) setzten die Nordvietnamesen ihren Vormarsch 35 Tage lang bis zur südlichen Grenze der Provinz *Quang Tri* fort.
Bei Angriffen auf die *Thanh Hoa* Brücke in Nordvietnam gingen nicht weniger als 50 schwere Jagdbomber der Amerikaner verloren, bis sie mit einer ferngelenkten Bombe zerstört wurde. 8 Kilometer nördlich befand sich eine Behelfsbrücke. Der Nachschub wurde nicht entscheidend beeinträchtigt.

Abriegelung kein voller Erfolg

In allen geschilderten Fällen wurde also das Ziel der Abriegelung nicht vollständig erreicht, obwohl die dafür eingesetzten Luftstreitkräfte wenn nicht die absolute Luftherrschaft, so doch eine erdrückende Überlegenheit in der Luft besaßen. Gewiß kann man argumentieren, daß letztendlich die Invasion 1944 erfolgreich war, daß der Vormarsch der Chinesen in Korea angehalten wurde und daß ohne den Einsatz der Luftstreitkräfte Saigon schon 1972 gefallen wäre. Man wird auch berücksichtigen müssen, daß bis in die siebziger Jahre Nacht und Wetter Luftstreitkräfte in ihren Operationen behinderte und die Bewegungen von Landstreitkräften begünstigte. Man darf auch den Erfolg einer Abriegelungskampagne nicht allein am Umfang des zerstörten Großgeräts messen; schon die Verzögerung des Eintreffens auf dem Gefechtsfeld oder der Ausfall ungepanzerter Teile eines Verbandes kann dem Verteidiger Luft verschaffen. Selbst der psychische Zustand eines Verbandes, der im Anmarsch auf das Gefechtsfeld ständigen Luftangriffen ausgesetzt war, kann sich vorteilhaft auswirken.

Aber es muß auch betont werden, daß es in der Luftkriegsgeschichte kein Beispiel dafür gibt, daß zahlenmäßig deutlich unterlegene Luftstreitkräfte gegen eine weitgehend intakte Luftverteidigung ihr Abriegelungsziel erreicht hätten. An der Front in Mitteleuropa kommt es angesichts der gegebenen Kräfteverhältnisse außerdem darauf an, die 2. strategische Staffel des Warschauer Pakts nicht nur zu verzögern, sondern auch in ihrer Kampfkraft zu schwächen.

Abriegelungseinsätze heute

Eine Betrachtung von kriegsgeschichtlichen Beispielen erlaubt also keine allzu optimistische Bewertung der Erfolgsaussichten einer Abriegelungskampagne der NATO gegen die zweite Strategische Staffel des Warschauer Paktes. Gewiß kann ein Teil der heutigen Jagdbomber mit speziellen Sensoren (Lantirn) die Nacht zum Tage machen, womit Bewegungen bei Nacht nicht mehr so leicht sind wie früher. Aber auch die Möglichkeiten der Luftverteidigung bei Nacht und Wetter sind besser geworden. Schließlich sollte man auch den Einfallsreichtum der Landstreitkräfte nicht unterschätzen. In diesem Zusammenhang sei daran erinnert. daß es den Israelis 1973 nicht gelang, den Vormarsch der Ägypter über den Suez-Kanal – eine klassische Engstelle – zu verhindern.

Die Schwierigkeiten von Abriegelungseinsätzen in der Tiefe werden in der NATO nicht verkannt. General *v. Sandrart,* heute Oberbefehlshaber der Alliierten Streitkräfte Europa-Mitte (AFCENT), wies schon 1987 in der Zeitschrift *Wehrkunde* darauf hin, daß Aufwand und Kosten für Aufklärung und wirkungsvolle Bekämpfung von Kräften in der Tiefe mit wachsender Entfernung von der vorderen Linie eigener Truppen überproportional ansteigen.[41] In der gleichen Nummer dieser Zeitschrift wies ein Luftwaffenautor darauf hin, daß für seine Teilstreitkraft erstens die Bekämpfung der feindlichen Luftstreitkräfte »unbestritten« zunächst Vorrang hat, schon um den Landstreitkräften die für ihre Operationsfreiheit notwendige Bewegungsfreiheit zu erhalten; daß zweitens ein *gleichgewichtiger* offensiver Kampf gegen die feindlichen Luftstreitkräfte *und* die Folgestaffeln mit den vorhandenen Kräften nur begrenzt möglich sei, und daß es daher drittens für die Luftwaffe darauf ankomme, in Zukunft (bis zum Ende der 90er Jahre)

---

41 Hans-Henning von Sandrart, *Der Kampf in der Tiefe bedingt ein operatives Konzept.* Europäische Wehrkunde/Wehrwissenschaftliche Rundschau (EWK/WWR 2/87, S. 72 ff.

- den Einsatz ihrer Kräfte noch stärker zu konzentrieren und ihre operative Flexibilität zu erhöhen
- Leistungsfähigkeit und Durchsetzungsvermögen ihrer Träger zu steigern
- *die Anzahl der Träger schrittweise zu erhöhen*
- Aufklärung und Führung zu verbessern
- Munition *zu beschaffen,* die hohe Wirkung im Ziel und Abstandsfähigkeit verbindet.[42]

Diskrepanz zwischen Kräften und Aufgaben

Eine nüchterne Betrachtung dieses Programms hätte schon damals erkennen müssen, daß im gleichen Zeitraum der eigentliche Beschaffungsschwerpunkt bei der Luftverteidigung liegen soll (Jäger 90, Patriot, Roland) und daß diesen Forderungen allenfalls Wunschdenken zugrundelag. Immerhin ist anzuerkennen, daß der Autor das Grundproblem der Luftstreitkräfte – wenn auch etwas verklausuliert – anspricht: die Schere zwischen vorhandenen Kräften und den Aufgaben, die die Luftstreitkräfte erfüllen sollen.

---

[42] Wilfried Timmerling, *Fofa-Aufgabe der Luftwaffe: Heftige Hiebe ins Hinterland.* EWK/WWR 2/87, S. 77 ff.

12 Grundsätzliche Zweifel

Wer die bisherige Diskussion um den Tiefflug in der Bundesrepublik verfolgt hat, wird feststellen, daß in den Streitkräften (besonders natürlich bei den Angehörigen der Luftwaffe) Notwendigkeit und Zweckmäßigkeit des Tieffluges fast unbestritten sind. Gegner des Tiefluges stellen demgegenüber entweder den Nutzen *jeglicher* militärischer Übungen als Vorbereitung auf den Ernstfall in Frage oder aber behaupten, mit der Einführung moderner Jagdflugzeuge mit *Look-down-shoot-down*-Fähigkeit sei die Überlebensfähigkeit im Tiefflug nicht mehr gegeben, dieser also sinnlos geworden. Grundsätzliche Zweifel an der *Effizienz* der Tiefflugtaktik sind dagegen selten. Die Frage, ob sich diese Taktik militärisch auszahlt, und welche speziellen Schwierigkeiten beim Angriff im Tiefflug zu bewältigen sind, wird nur vereinzelt diskutiert. Zwei Beiträge, die sich mit dieser Fragestellung befassen, sollen deshalb hier referiert werden.

Don't take the low road (Lieber nicht tief!)

Drei amerikanische Autoren,[43] Angehörige des Instituts für Verteidigungsanalysen, haben in einem 1986 in der Zeitschrift Aerospace America erschienenen Aufsatz »Don't take the low road« sich kritisch mit den oben genannten Fragen beschäftigt und 16 Faktoren aufgelistet, die ihrer Meinung nach die Wirksamkeit von Tiefflugeinsätzen beeinträchtigen. Die Argumente von Davis, Greene und Deitchman:
- Der Angreifer im Tiefflug muß sein Ziel finden, identifizieren mit dem Feuerleitsystem erfassen und dann seine Waffen auslösen. Sein Problem besteht darin, tief genug zu bleiben, um zu überleben und dennoch einen ausreichenden Überblick zu gewinnen, um sein Ziel zu finden und zu identifizieren. Die übliche Lösung für dieses Problem besteht darin, das Zielgebiet tief anzufliegen und dann hochzuziehen in der Hoffnung, daß der Angreifer sein Ziel schneller findet und angreifen als die Verteidigung ihn abschießen kann. Das Verfahren ist kompliziert und der Erfolg hängt von einer Reihe schwer beeinflußbarer Variablen ab.

---

43 Davis, Harry I., Terrel E. Greene und Seymour J. Deitchman, *Don't take the low road.* Aerospace American 8/1986, S. 18 ff.

- *Wolken,* Nebel, Dunst, Regen und Rauch behindern den Flugzeugführer und auch einen Teil seiner Sensoren (Radar am wenigsten)
- *Kontrast.* Viele Ziele heben sich nur schlecht von ihrer Umgebung ab. Tarnung kann das Problem des ausreichenden Kontrasts verschärfen. Bestimmte Luft-Boden-Präzisionswaffen brauchen aber guten Kontrast, um ihr Ziel zu treffen (z.B. die erste Version der Maverick).
- *Sichtschutz.* Ziele können sich unter Bäumen, in Gebäuden oder unter Ausnutzung des Geländes der Sicht von oben ganz oder teilweise entziehen.
- *Tarnung.* In Verbindung mit Sichtschutz kann Tarnung Kontraste und Farbunterschiede soweit aufheben, daß das Ziel praktisch unsichtbar wird.
- *Gegenmaßnahmen.* Es sind eine Vielzahl von Maßnahmen vorstellbar, die entweder das Auge des Flugzeugführers täuschen oder die Wirksamkeit seiner Sensoren beeinträchtigen.
- *Richtige Zielauswahl.* Die Auswahl unter mehreren Zielen ist umso schwieriger, je schneller und tiefer ein Flugzeug fliegt.
- *Verwirrung.* Rauch, Feuer, beschädigte oder auch bereits ausgefallene Ziele tragen zur Verwirrung bei und lenken bei der Zielfindung ab.
- *Eingeengter Blickwinkel.* Bei normaler Flughöhe ist der Flugzeugführer in der Lage, ein größeres Gebiet nach vorn und beiden Seiten zu überblicken. Je schneller und tiefer er fliegt, umso mehr muß er sich auf seine Flugstrecke konzen trieren. Bei Tiefflug in Höhe 60 m und bei einer Geschwindigkeit von 750 st/km verfügt der Flugzeugführer nur noch über einen effektiven Blickwinkel von 10°.
- *Begrenzte Zielauswahl.* Aus einer Reihe von bereits genannten Gründen ist es dem Flugzeugführer nur selten möglich, mehr als ein Ziel während eines Anfluges in geringer Höhe anzugreifen.
- *Cursor-Fehler.* Ungenaue Einstellung oder Bedienung der Positionsmarkierung können zur Ungenauigkeit beim Waffeneinsatz führen.
- Die *Bedingungen des realen Gefechts.* Man muß damit rechnen, daß die Ergebnisse des eigenen Waffeneinsatzes unter Gefechtsbedingungen schlechter ausfallen als auf Übungsplätzen im Frieden. Das Bestreben des Flugzeugführers, der Wirkung der feindlichen Abwehrwaffen zu entgehen, kann dazu führen, daß er tiefer und schneller fliegt als für die erfolgreiche Zielfindung und Bekämpfung zulässig ist.
- Unabsichtliche *Bodenberührung.* Der Flugzeugführer versucht, möglichst tief zu fliegen, um der feindlichen Verteidigung zu entgehen, aber hoch genug, um unabsichtliche Bodenberührung zu vermeiden. Die da-

bei geforderte Konzentration kann ihn u.U. stärker vom Einsatz der eigenen Waffen ablenken als gegnerisches Abwehrfeuer.
- *Angriff im Nahbereich.* Sowohl Bordsensoren als auch die Mehrzahl der Waffen erfordern einen Angriff im Nahbereich, wo die Konzentration der Abwehr häufig am stärksten ist. Abstandswaffen – man denke an die Exocet im Falklandkonflikt – würden die Überlebenschancen des Flugzeugführers erheblich verbessern.
- *Komplizierte Avionik.* Die Taktik des Tiefflugs erfordert immer höhere Aufwendungen für die Avionik wie autonome Zielerfassungssysteme, Geländefolgeradars. Das Tiefflug-Navigations- und Infrarotzielsystem LANTIRN etwa besteht aus 30 000 Einzelteilen.
- *Kosten.* Moderne Flugzeuge, die für den Tiefflug optimiert sind, brauchen wegen ihrer komplexen Avionik entsprechendes Prüf- und Testgerät. Nach Meinung der genannten Autoren kann die spezielle Tiefflugavionik die Kosten verdoppeln bis verdreifachen.

War Tiefflug je eine attraktive Option?

Es kann nicht überraschen, daß Davis, Greene und Deitchman nicht nur die Chancen von FOFA-Angriffen gegen den Warschauer Pakt außerordentlich skeptisch beurteilen, sondern auch die Frage verneinen, ob *Tiefflüge jemals eine attraktive Option* gewesen sind.
Wie auch immer man ihre Wertung der Faktoren beurteilt, man muß einräumen, daß sie nicht bei der Frage stehengeblieben sind, ob das Eindringen in den gegnerischen Luftraum im Tiefflug möglich ist. So wichtig diese Frage auch ist, entscheidend kommt es darauf an zu wissen, ob die Ziele, die mit Tiefflugeinsätzen verfolgt werden, erreicht werden, beziehungsweise wie groß die Wahrscheinlichkeit ist, daß sie erreicht werden können. In diesem Zusammenhang liefert der Beitrag »Don't take the low road« wertvolle Ansatzpunkte, wobei indessen zu berücksichtigen ist, daß die Mehrzahl der Argumente gegen den Angriff im Tiefflug davon ausgeht, daß das Ziel vor Waffenauslösung visuell oder durch Bordsensoren erfaßt werden muß. Das ist z.B. beim Einsatz von Flächenwaffen, aber auch bei modernen Entwicklungen mit »intelligenter« Submunition nicht erforderlich.

Eine kritische Stimme aus den Niederlanden

In jüngster Zeit hat sich ein niederländischer ziviler Waffenspezialist zu Wort gemeldet und in einer Veröffentlichung des Verbandes der Königlich-

Niederländischen *Luchtmacht* auf die besonderen Gefahren des Angriffs im Tiefflug hingewiesen. Bemerkenswert ist, daß seine Ansichten von einem der erfahrensten niederländischen F-16-Flugzeugführer unterstützt werden. Ihre Argumentation, wie in *Jane's Defense Weekly* vom 30. September 1989 wiedergegeben:
- Die außerordentlich Belastung des Flugzeugführers durch die Besonderheiten des Tiefflugeinsatzes kann zu unabsichtlicher Bodenberührung, Verlust der Orientierung oder auch zur Überbeanspruchung der mitgeführten Waffen führen – Gefahren, die mit wachsender Erschöpfung der Flugzeugführer zunehmen.
- Die zunehmende Gefahr des Abschusses durch Luftverteidigungssysteme, die gegen tiefliegende Ziele wirken. Dazu gehört auch die Gefahr des Abschusses durch eigene Landstreitkräfte.
- Die Schwierigkeiten, das Ziel im Tiefflug zu erfassen. Mit den in den niederländischen Luftstreitkräften überwiegend vorhandenen Standard- oder Streubomben muß vor Auslösung der Bomben das Flugzeug hochgezogen werden. Mit diesem Manöver setzt sich der Flugzeugführer der feindlichen Abwehr aus. Zugleich nimmt die Chance ab, bei harten Ausweichmanövern das Ziel noch zu treffen.
- Beim Angriff im Tiefflug besteht immer die Gefahr, in den Splitterbereich der eigenen Bomben zu geraten.

Die Auswertung einer Übung, an der 14 niederländische F-16 teilnahmen, kam zu dem Ergebnis, daß nur 3 ihren Tiefflug-Auftrag erfolgreich ausführten. Die anderen 11 Flugzeuge galten als »verloren« aufgrund eines der oben genannten Faktoren.

Die Konsequenzen, die aus solchen Übungsergebnissen abgeleitet werden, beweisen, wie stark das Offensivdenken in den NATO-Luftstreitkräften verwurzelt ist. Als Alternative wird der Angriff in mittleren Höhen mit entsprechender Unterstützung durch Flugzeuge der elektronischen Kampfführung – jedenfalls als zusätzliche Option – erwogen, nicht jedoch der Einsatz der F-16 als Luftüberlegenheitsjäger, eine Aufgabe, für die er hervorragend geeignet ist.

Eine Reihe der Argumente gegen den Angriff im Tiefflug sind uns schon aus der Studie von *Greene u.a.* bekannt. Neu ist der sehr ernst zu nehmende Hinweis auf die physische und psychische Erschöpfung des Flugzeugführers, von dem über längere Zeit höchste geistige Konzentration verlangt wird, während er gleichzeitig durch die Besonderheiten des Tiefstfluges auch körperlich überdurchschnittlich belastet wird.

13 Exkurs: Die MAINSTAY[44]

Die Bedeutung von Flugzeugen, die auf große Entfernung feindliche Ziele in jeder Höhe entdecken und eigene Kräfte auf diese Ziele ansetzen können, ist bereits wiederholt dargestellt worden. In den USA steht das Kürzel AWACS für »Airborne Warning And Control System«, also für ein System, das luftgestützte Frühwarnung und Jägerleistung sicherstellt. Die NATO spricht demgegenüber von AEW-Kräften (Airborne Early Warning) und betont damit den Friedensauftrag der Frühwarnung. In der Sowjetunion wurde für ähnliche Aufgaben zunächst die Tupolev Tu-126 eingesetzt. In den siebziger Jahren begann die Entwicklung eines der Standardtransportflugzeuge der sowjetischen Luftstreitkräfte, der IL-76, zum Nachfolger der Tu-126 als Frühwarn- und Leitflugzeug.

Dieses Flugzeug, das 1971 zum ersten Mal flog und sich etwa mit der von Lockheed gebauten C-141 Starlifter vergleichen läßt, erhielt von der Nato den Namen *Candid.* Es wird in etwa 120 Exemplaren auch von Aeroflot eingesetzt. 350 Flugzeuge dieses Typs sind bei den sowjetischen Luftstreitkräften im Einsatz. Noch heute hält es einige Rekorde für Geschwindigkeit, Höhe und Zuladung. Es handelt sich also um ein bewährtes und leistungsfähiges System.

1987: MAINSTRAY einsatzreif

Nach westlichen Erkenntnissen gelangten die ersten Frühwarnversionen dieses Typs 1987 zur Einsatzreife – äußerlich leicht zu erkennen an dem charakteristischen Pilzaufbau über dem Flugzeugrumpf, der die rotierenden Antennen enthält. Es ist für Luftbetankung eingerichtet und wurde von der Nato auf den beziehungsreichen Namen *»Mainstay«* getauft, ein Begriff aus der Sprache der Segelschiffe, den man frei als Hauptunterstützung oder Rückgrat übersetzen könnte. Aus der Namenswahl läßt sich schließen, daß sich die Nato über die potentielle Bedeutung dieses Flugzeugs im Klaren war.

---

44 Vgl. dazu AIR FORCE Magazine 1988, Nr. 4, S. 97-99.

Die *Mainstay* wird zusammen mit dem leistungsfähigsten Jäger der Sowjetunion, der »*Foxhound*« (MiG-31) eingesetzt. Das läßt erkennen, für wie wichtig der Schutz dieses Systems gehalten wird. Das amerikanische Verteidigungsministerium schreibt diesem Flugzeug die Fähigkeit zu, nicht nur tieffliegende Flugzeuge, sondern auch Cruise Missiles, also kleine, extrem tief fliegende Flugkörper zu orten. Nach der gleichen Quelle hat es die Fähigkeit und den Auftrag, Jägeroperationen über einem möglichen Gefechtsfeld Europa zu leiten. Man schätzt, daß die Sowjetunion jährlich mindestens 5 dieser Flugzeuge in Dienst stellen kann.

Nur ein lückenhaftes Lagebild?

Wie steht es mit der Wirksamkeit dieses Systems – und des *AWACS* auf der Seite der Nato? Bei der Darstellung der Konzeption der Luftwaffe wurde schon darauf hingewiesen, daß die Bewertung schwankt. Die Luftwaffe spricht von einem »äußerst lückenhaften Lagebild«, das ein Frühwarnflugzeug erstellt. *Thielbeer,* dessen bereits erwähnter Aufsatz in der FAZ in der Bundeswehr als Argumentationshilfe in Sachen Tiefflug verteilt wurde, spricht etwas vorsichtiger von einem »lückenhaften« Bild. Vielleicht wird Glasnost es eines Tages möglich machen, auch diese Frage verbindlich zu beantworten. Einstweilen können die folgenden Überlegungen helfen, zu einem Urteil über die wahrscheinliche Leistung von Frühwarnflugzeugen bei der Entdeckung von tief und sehr tief fliegenden Flugzeugen zu kommen.
- Wären Flugzeuge wie *Awacs* und *Mainstay* wirklich nur imstande, ein äußerst lückenhaftes Lagebild zu liefern und insbesondere nicht fähig, auch tieffliegende Flugzeuge zuverlässig zu erfassen, müßte die Frage gestellt werden, warum *enorme Mittel* in diese Systeme investiert werden.
- Wenn nach amerikanischer Auffassung sogar ein kleiner, extrem tieffliegender *Marschflugkörper* erfaßt werden kann, warum dann nicht auch sehr tief fliegende Flugzeuge?
- Gewiß kann ein Flugzeug im *Geländekonturenflug* sich kurzfristig dem Radarstrahl der *Mainstay* oder des *Awacs* entziehen, wenn in Abhängigkeit von dessen Flughöhe und der Höhe schützender Berge oder Hügel sich ein schützender Radarschatten ergibt. Aber dieser Schutz dauert immer nur wenige Sekunden – dann muß der Tiefflieger aus dem Schatten auftauchen.
- Wiederholt wurde in der offenen Literatur berichtet, daß Frühwarnflugzeuge feindliche Ziele in größeren Entfernungen bereits beim Start –

also beim schnellen Rollen auf der Startbahn in Höhe Null - entdeckt und bis zum Abschuß ununterbrochen verfolgt haben.

Man wird also wohl davon ausgehen müssen, daß die Entdeckung eines tieffliegenden Flugzeuges - erst recht natürlich eines größeren tieffliegenden Verbandes - für ein Frühwarnflugzeug im Rahmen seiner Reichweite kein technisches Problem sein wird, und daß, auch wenn man auf diesem wie auf vielen anderen Gebieten dem Westen einen zeitlichen Vorsprung hatte, die entsprechenden Fähigkeiten auf der anderen Seite vorhanden sind.

Wie steht es mit der Verwundbarkeit von Frühwarnflugzeugen? Angesichts der potentiellen Bedeutung, die sie für den Ablauf von Luftkriegsoperationen haben, sind sie für beide Seiten Ziele erster Kategorie. Sie verfügen weder über Bordkanonen noch über Luft-Luft-Raketen zu ihrer eigenen Verteidigung. Ihr Schutz liegt in der Entfernung, die ein Angreifer überwinden muß, in der weit überlegenen Reichweite des eigenen Radars und der Sicherung durch die eigene Luftverteidigung. Eine *Mainstay* des Warschauer Paktes ist zwar ein wichtiges, zugleich aber ein sehr schwer zu bekämpfendes Ziel. Es wird Kräfte auf beiden Seiten binden, die für andere Aufgaben dann nicht zur Verfügung stehen. Das gilt selbstverständlich auch für die *Awacs*-Flugzeuge der Nato.

14 Überlegenheit durch Offensive

Geht die Rechnung auf?

Wie wir gesehen haben, ist die Taktik des Tieffluges untrennbar mit dem Konzept offensiver Luftkriegsoperationen der NATO verbunden. Nur wenn dieses Konzept mit einer gewissen Wahrscheinlichkeit den Erfolg einer günstigen Luftlage über eigenem Gebiet (um die Bewegungsfreiheit der Landstreitkräfte zu erhalten) und über dem Territorium des Gegners (um die Bekämpfung der zweiten Staffel zu ermöglichen) verspricht, wäre es gerechtfertigt, weiterhin an dem Grundsatz festzuhalten, so schnell wie möglich zur Offensive überzugehen. Nur dann wäre auch das Üben des Langstreckentiefluges erforderlich und gerechtfertigt. Erfolgversprechend bedeutet in diesem Zusammenhang, daß das Kräfteverhältnis in der Luft durch Angriffe gegen das feindliche Luftkriegspotential entweder dauernd – durch Zerstörung der feindlichen Luftkriegsmittel am Boden – oder doch vorübergehend durch zeitlich begrenzte Lähmung feindlicher Flugplätze deutlich verbessert würde. Dabei wäre der Preis, der mit eigenen Verlusten für eine nur vorübergehende Lähmung zu zahlen wäre, besonders sorgfältig zu kalkulieren. Schließlich sollen ja einsatzfähige Verbände zur Bekämpfung der feindlichen Landstreitkräfte auf der eigenen Seite übrig bleiben.

Sichere Aussagen nicht möglich

Nun sind sichere Aussagen über den Ausgang eines mit konventionellen Mitteln geführten Luftkriegs in Mitteleuropa aus vielerlei Gründen nicht möglich. Möglich ist allenfalls ein Wahrscheinlichkeitsurteil, das notwendigerweise sehr stark von der Bewertung einer Vielzahl von Faktoren abhängt. Einige dieser Faktoren lassen sich quantifizieren, andere relativ gut schätzen. In vielen Fällen ist es aber nicht einmal möglich vorherzusagen, ob sich ein bestimmter Faktor eher positiv oder negativ auf die eigene Seite auswirken wird. In einer militärischen Lagebeurteilung ist es dennoch zulässig, oft auch unvermeidbar, aufgrund einer Würdigung aller Faktoren bestimmte Möglichkeiten des Handelns auszuschließen, wenn die Wahrscheinlichkeit des Scheitern sehr hoch ist oder sogar an Gewißheit grenzt.

Ein Oberbefehlshaber wägt ab

Lassen wir an dieser Stelle einen Mann zu Wort kommen, dem Kompetenz nicht abgesprochen werden kann: den US-amerikanischen Vier-Sterne-General *William Kirk,* bis zu seiner Pensionierung im April 1989 Oberbefehlshaber der Alliierten Luftstreitkräfte in Europa-Mitte (AAFCE). In einer Betrachtung der Grundprobleme der Luftüberlegenheit in seinem Befehlsbereich untersucht er zunächst die Luftverteidigung und stellt fest:[45]

> Ziel der Luftverteidigung ist es, den Befehlshaber der feindlichen Luftstreitkräfte zu überzeugen, daß seine Verluste seine Erfolge übersteigen werden.

Verluste des Angreifers in Höhe von 20 % durch die Luftverteidigung der NATO hält *Kirk* für durchaus im Rahmen des Möglichen liegend (»more than achievable«). Er fährt fort:

> Beim *Angriff* gegen das feindliche Luftkriegspotential muß der NATO-Befehlshaber das gleiche Verhältnis beurteilen: steht die Wirksamkeit seiner Angriffe in einem angemessenen Verhältnis zu den zu erwartenden Verlusten? Flugzeuge der NATO, die in das Gebiet des Warschauer Paktes eindringen, treffen auf ein Luftverteidigungssystem. für dessen Umfang und Komplexität es in der Geschichte kein Beispiel gibt. Die Sowjets haben in den letzten Jahrzehnten durchschnittlich alle zwei Jahre ein neues FlaRakSystem in die Truppe eingeführt.

Auch in der Luft seien die Sowjets dabei, die qualitativen Lücken zu schließen. Zwar sei die F-16 immer noch besser als die MiG-29 *Fulcrum.* Das genüge aber nicht. Sie müsse besser sein als *zwei!*

Offensive kein Patentrezept

Kirk sieht dennoch gute Gründe, an einem ausgewogenen Anteil offensiver Operationen festzuhalten. Aber die Offensive im Luftkrieg ist für ihn kein taktisches Patentrezept zum Ausgleich eigener Unterlegenheit, sondern eine Option, die nüchtern nach den Grundsätzen einer Gewinn- und Verlustrechnung kalkuliert wird und über deren große Risiken er seine Leser nicht im Unklaren läßt. Dennoch; *wieviel* offensiver Tiefflug seiner Auffassung nach zu einem ausgewogenen Programm gehört, diese Frage will der

---

45 William Kirk, *Air Superiority in the Central Region.* NATO'S SIXTEEN NATIONS, 3/89, S. 18.

Soldat *Kirk* erst im Konfliktfall entscheiden. Der deutsche Politiker hat demgegenüber ein Interesse – und wohl auch das Recht – schon im Frieden zu erfahren, ob die Opfer und Belastungen, die er seiner Bevölkerung auferlegt, nach Art und Umfang notwendig sind, soweit ein Wahrscheinlichkeitsurteil darüber möglich ist.

Die Zeit

Betrachten wir zunächst einmal den Faktor Zeit. Es unterliegt im NATO-Bündnis keinerlei Zweifel, daß der Gegner den Zeitpunkt des Konfliktbeginns bestimmt. Er kann sich auf diesen Zeitpunkt vorbereiten, alle seine Dispositionen darauf abstimmen. Die Wahl von Angriffstag und -stunde garantiert ihm die taktische Überraschung. Er wird sie zu einem Schlag gegen die Luftstreitkräfte der NATO nutzen.

Die Zeit arbeitet gegen die NATO. Ihre Verbände müssen den ersten Schlag aushalten. Bevor sie die Grenze überfliegen können, muß die NATO nach festgelegten Verfahren eine förmliche Erlaubnis erteilen. Eine Regelung, die aus Sicht des Krisenmanagements sinnvoll ist, die sich aber gleichwohl fatal auswirken kann zu einem Zeitpunkt, wo Minuten und vielleicht Sekunden zählen.

Der Raum

Betrachten wir den Raum, den die NATO mit ihren taktischen Fliegerkräften erreichen kann, und die *Lage* unserer eigenen Flugplätze unter Berücksichtigung der von uns geplanten offensiven Operationen, so ist festzustellen, daß unsere Jagdbomber mit voller Zuladung an der Grenze ihres Aktionsradius operieren – mit allen taktischen Nachteilen, die sich daraus ergeben. Prinzipiell gilt zwar für den Gegner der gleiche Nachteil. Aber anders als die NATO-Luftkräfte ist er angesichts der großen Überlegenheit seiner Landstreitkräfte nicht darauf angewiesen, die Reserven der NATO zu bekämpfen. Er kann sich dazu je nach Lage entscheiden. Die gleiche Entscheidungsfreiheit hat der WP in der Frage, ob er nach einem ersten Schlag den Kampf gegen die Flugplätze der NATO fortsetzen will, um auf diese Weise die Luftüberlegenheit über dem Territorium der NATO zu erringen.

Der *Raum* der NATO hat wenig Tiefe. Frankreich, eigentlich natürliches Hinterland, ist militärisch nicht integriert. Für eine Auflockerung der fliegenden Verbände nach hinten, aus der Reichweite der sowjetischen *Fencer*-Verbände heraus, kämen jedoch vor allem die französischen Plätze infrage. Sie wäre sinnvoll in einer Krise, weil sie die eigenen Verbände vor dem ersten Schlag des Gegners schützt und eigene defensive Optionen erhält, ohne die eigenen offensiven Möglichkeiten zu verbessern und in einer Krise destabilisierend zu wirken.

Demgegenüber kann der Warschauer Pakt *seinen Raum* flexibel nutzen. Er kann einen Teil seiner Kräfte hart hinter die Grenze des Aktionsradius der NATO-Verbände zurücknehmen und aus dieser sicheren Position in den Kampf um die Luftüberlegenheit flexibel eingreifen. Sein Raum ist durch eine überaus starke und dichte Luftverteidigung geschützt. Der Raum der NATO wird durch FlaRaksysteme nur teilweise abgedeckt. Den Flankenschutz müssen Jäger übernehmen. – Der Faktor Raum wirkt sich nicht zugunsten der NATO aus.

Die Kräfte

Bei den fliegenden Systemen in Europa ist das Zahlenverhältnis etwa 2:1 zugunsten des Warschauer Paktes. Bei Jagdbombern besteht nach westlicher Auffassung etwa Parität, solange man die Mehrrolleneignung vieler Jagdflugzeuge nicht berücksichtigt. Bei letzteren ist der Warschauer Pakt der NATO weit überlegen. Negativ sieht das Verhältnis auch bei der bodengebundenen Luftverteidigung aus. Einfache Zahlenvergleiche[46] sind hier irreführend, weil zwischen den einzelnen Typen und ihren Wirkungsbereichen große Unterschiede bestehen und auch die Zahl der jeweils vorhandenen Flugkörper berücksichtigt werden muß. Schließlich spielen Alter, Zustand, Störanfälligkeit, Grad der Mobilität und sonstige qualitative Faktoren eine Rolle. Es unterliegt aber keinem Zweifel, daß die Bodenluftverteidigung des Warschauer Paktes als Produkt von Qualität und Quantität der der NATO mehrfach überlegen ist, wie sich überhaupt die Luftverteidigung bei der Betrachtung kriegsgeschichtlicher Beispiele als ausgesprochene Stärke der von der Sowjet-Union ausgerüsteten und ausgebildeten Länder erwiesen hat.

---

46 Der Streitkräftevergleich 1987 (2. Aufl. 1988) der Bundesregierung gibt das Verhältnis bei präsenten Kampfflugzeugen in Europa *insgesamt* mit 3.700 : 7.465, bei Jagdbombern mit 2245 zu 2389 und bei Jagdflugzeugen mit 1115 : 4145 an. Wegen der Mehrrolleneignung vieler Kampfflugzeuge ist eine eindeutige Zuordnung sehr schwierig.

Verfügbarkeit der eigenen Kräfte

Bei den fliegenden Kräften muß zwischen vorhandenen und für den konventionellen Einsatz verfügbaren unterschieden werden. Ein Teil der schweren Jagdbomber der NATO ist für den Einsatz im Rahmen einer möglichen nuklearen Eskalation vorgesehen. Die Bundesrepublik Deutschland ist zwar keine Nuklearmacht, legt aber großen Wert darauf, Trägermittel für nukleare Einsätze zur Verfügung zu stellen, um sich auf diese Weise ein beschränktes Mitspracherecht etwa beim Zeitpunkt des ersten Einsatzes oder bei der Zielauswahl zu sichern. Es liegt auf der Hand, daß ein Teil der nuklearfähigen Kräfte nicht nur in der Anfangsphase eines Konflikts in Reserve gehalten, sondern auch besonders geschützt werden muß. Auch wegen des bevorstehenden Abzugs der Pershing Ia wird die Bundesrepublik an der nuklearen Rolle ihrer *Tornado* festhalten, um sich ihr nukleares Mitspracherecht zu sichern. Das Kräfteverhältnis bei den konventionell verfügbaren ist daher schlechter als das bei den vorhandenen Kräften.

Ausgleich durch Tiefflug?

Wenn NATO und Bundeswehr angesichts der Gegebenheiten von Raum, Zeit und Kräften Luftüberlegenheit anstreben, dann bauen sie auf andere Faktoren. Verkürzt gesagt nehmen sie an, daß das Ergreifen der Initiative durch Offensive verbunden mit dem geschickten Ausnutzen der technischen Grenzen von radargesteuerten Abwehrsystemen durch Tief- und Tiefstflug dem Schwächeren zum Sieg über den Stärkeren verhilft. Impliziert wird dabei, daß der Westen über die Voraussetzungen und Mittel für die erfolgreiche Durchführung dieser Taktik verfügt. Dazu gehören Waffen, die wirksam aus dem Tiefstflug eingesetzt werden können und ausreichend bevorratet sind; die Möglichkeit, den Tiefflug unter realistischen Bedingungen regelmäßig zu üben; elektronischer Kampf und Schutzmaßnahmen gegen feindliche Radars und Feuerleitgeräte und gegen die Bedrohung durch infrarotgelenkte Waffen; und nicht zuletzt auch ein Systems, das Führung, Leitung. Verbindung und Aufklärung unter Einsatzbedingungen sicherstellt.

Unbekannte Größen

In der Tiefflugrechnung stecken viele unbekannte Größen und Annahmen. Die Leistungsfähigkeit moderner sowjetischer FlaRakSysteme gehört dazu:

können diese wirklich im ebenen Gelände gegen Ziele unterhalb 30 m wirken? Wie ist die Wirksamkeit der Flak zu beurteilen? Die Israelis haben 1973 teures Lehrgeld gezahlt, und auch die NATO setzt bei Übungen eigens Kräfte zu ihrer Unterdrückung ein. Ein Nachfolger für den legendären Flakpanzer ZSU 23-4 ist im Zulauf. Man wird wohl davon ausgehen müssen, daß die Flak den Flugzeugführer beim Zielanflug mindestens ablenken wird.

Wie wird sich die Bedrohung durch feindliche Jäger auswirken? 1973 schafften es die Ägypter, die israelischen *Phantoms* im Tiefflug abzufangen, obwohl ihre Frühwarnung nur aus Luftraumbeobachtern entlang der Küste bestand, die ihre Meldungen telefonisch absetzten. Offensichtlich nimmt die deutsche Luftwaffe die Gefährdung durch feindliche Jäger ernst. Ihr Konzept der verbundenen Operation sieht den Einsatz von Jagdflugzeugen vor, entweder als Begleitschutz oder als unabhängig operierender »Jagdvorstoß«.

Schutz offensiver Operationen durch Jäger problematisch

Dieser Teil des Konzeptes läßt sich allerdings nur sehr schwer umsetzen. Bei der Jägerschwäche der NATO muß bezweifelt werden, ob diese in ausreichender Anzahl zur Unterstützung offensiver Aufgaben freigesetzt werden können. Sie werden ja auch über eigenem Gebiet gebraucht, um Flanken zu decken und Lücken und Breschen in der eigenen Luftverteidigung zu schließen. Wenn sie zum Schutz von Jagdbombern eingesetzt werden, beginnen Schwierigkeiten praktischer Art. Fliegen die Jäger wie die zu begleitenden Jabos im Tiefflug, nimmt dieser den größten Teil ihrer Aufmerksamkeit in Anspruch. Zusätzlich kann es erforderlich sein, das eigene Radar auf den Boden zu richten, anstatt nach feindlichen Jägern zu suchen. Die Fähigkeit zum rechtzeitigen Erkennen bedrohlicher Ziele dürfte dann stark herabgesetzt sein, vor allem bei Jägern, die nicht über einen Waffensystemoffizier zur Unterstützung des Flugzeugführers verfügen (F-15, F-16, F-18 und Jäger 90). Sobald aber der Jäger in einer Höhe fliegt, die es ihm erlaubt, sich voll auf das Aufspüren und Bekämpfen von Luftzielen zu konzentrieren, setzt er sich dem ganzen Spektrum feindlicher FlaRak-Systeme aus, die ja eigentlich im Tiefflug unterflogen werden sollten.

Luftkampf über feindlichem Gebiet

Kommt es zum Kampf zwischen Begleitjägern und angreifenden MiG's, sind letztere häufig im Vorteil. Der Begleitjäger muß auf seine Treibstoffreserve achten und ist in einer höchst gefährlichen Lage, wenn er wegen Treibstoffmangels den Kampf abbrechen muß. Daran hat sich seit der Luftschlacht um England 1940 praktisch nichts geändert. Auch Beschußschäden, die eine sofortige Notlandung erforderlich machen, sind bei Begleitjägern über feindlichem Territorium gleichbedeutend mit dem Totalverlust.
Auch unter günstigen Umständen ist die Aufgabe des Begleitjägers gegen eine Überzahl feindlicher Angreifer nicht zu lösen. Sind die Begleitjäger erst einmal von dem zu schützenden Verband getrennt, so ist dessen Lage prekär. Wegen voller Bombenlast in seiner Manövrierfähigkeit stark eingeschränkt, wird er selbst durch technisch unterlegene Jagdflugzeuge des Warschauer Paktes noch gefährdet, wie die Erfahrungen der Amerikaner in Vietnam und der Israelis 1973 belegen. In vielen Fällen kam es in Vietnam beim Auftauchen feindlicher Jäger zum Bombennotabwurf ganzer Formationen.

Angriff im Tiefflug: das Dilemma

Hat es der angreifende Verband im Tiefstflug geschafft bis ins Zielgebiet vorzudringen, ist der Erfolg immer noch nicht sicher. Die Autoren *Greene, Davis* und *Deitchman* haben das Dilemma des tief und schnell angreifenden Piloten auf den Punkt gebracht. Die gleichen Faktoren, die die wirksame Verteidigung erschweren, wirken sich auf den gezielten Angriff aus, jedenfalls dann, wenn keine Flächenwaffen zum Einsatz kommen. Zieht der Flugzeugführer in der Phase des Endanfluges seine Maschine hoch, um das Ziel zu erfassen, kann er nur hoffen, daß er es schneller finden und angreifen als die Verteidigung ihn abschießen kann.

Was ist, wenn der Osten unsere Taktik kopiert?

Selbst wenn man die Chancen der eigenen offensiven Operationen positiver, die Risiken dagegen geringer einschätzt als das hier geschieht, kommen die Befürworter einer überwiegend offensiven Luftkriegführung an einem Argument nicht vorbei. Wenn es denn eine Taktik gibt, mit der der zahlenmäßig Unterlegene den Stärkeren schlagen kann: warum sollte sich dieser nicht gegenüber dem Schwächeren der gleichen Taktik bedienen? Nach unserer Vorstellung bestimmt ja der Warschauer Pakt den Kriegsbeginn. Er trifft dann zwar auf eine weitgehend präsente Luftverteidung von beachtlicher Qualität, die aber nicht annähernd die Dichte aufweist wie sie auf der Gegenseite vorhanden ist. Die Jagdfliegerkräfte sind deutlich unterlegen. Ein Teil der Flugplatznahverteidigung bedarf erst der Aktivierung durch Reservisten und der Zuführung der Waffen. Die Erfolgsaussichten einer *überraschenden* Operation des Warschauer Paktes wären also nicht schlechter als die der NATO, eher besser.

Selbst der Inspekteur der Luftwaffe geht davon aus, daß die Luftstreitkräfte des Warschauer Paktes zu wirksamen Luftangriffen bis tief in das Hinterland der europäischen NATO-Staaten befähigt sind.[47] Ähnlich auch Lothar Rühl, bis 1989 Staatssekretär im Bundesministerium der Verteidigung, wenn er schreibt, daß die Überlebensfähigkeit der (NATO)Flugzeuge am Boden vor dem Start unter präemtiven Angriffen des nahen Gegners für alle Planungen stets mit Fragezeichen zu versehen ist.[48]

Bessere Qualität

Angesichts des Kräfteverhältnisses vertraut die NATO auf die bessere Qualität ihres Potentials. Im Bereich des offensiven Tiefluges wirken sich Navigations- und Feuerleitsysteme, Terrainfolgeradars, moderne Abwurfwaffen und Luft-Boden-Flugkörper, die Fähigkeit zum elektronischen Kampf, die Ausbildung, die technische Leistungsfähigkeit der Flugzeuge, insbesondere ihre Tiefflugeignung und schließlich die Qualität der Führung im weitesten Sinne aus. Viele dieser Faktoren sind allerdings schwer vergleichend zu bewerten.

Bei Navigationssystemen ist, bezieht man die einsatzreifen Entwicklungen mit ein, ein Stand erreicht, der kaum noch verbessert werden kann. Das gilt auch für Feuerleitsysteme. Allerdings sind z.B. Terrainfolgeradars, deren Abstrahlung auf große Entfernung zu entdecken ist, nicht unproblematisch im Einsatz. Ohne Einschaltung des TFR ist Tiefstflug ohne Bodensicht heute noch nicht möglich.

---

47 Horst Jungkurth [Generalleutnant, Inspekteur der Luftwaffe], *Die Rolle von Luftstreitkräften im Prozeß der Abrüstung.* EWK/WWR 1988, Nr. 4, S. 208.
48 WELT vom 17. Mai 1989 S. 6. Rühl folgert daraus die Notwendigkeit von mehr nuklearfähigen Kampfflugzeugen und mehr Stützpunkten für nukleare Einsätze.

Das Wetter könnte den Angreifer begünstigen, wenn es so schlecht ist, daß ein Teil der optisch gerichteten oder infrarotgelenkten Waffen des Verteidigers nicht eingesetzt werden kann, während die eigenen Flugzeuge mit uneingeschränkter Allwetterkampffähigkeit ihre Aufträge noch ausführen können. Bekanntlich kann man jedoch auf das Wetter im Krieg nicht bauen, allenfalls auf die Jahreszeit, und das Wetter sollte also nicht in unsere Rechnung einbezogen werden.

Probleme bei Waffen

Probleme bei Waffen (Bomben, Flugkörper, Mehrzweckwaffen), die aus dem Tiefflug heraus eingesetzt werden können, liegen im technischen und finanziellen Bereich. Die Bevorratung der jeweils modernsten Waffen ist angesichts der rasanten Entwicklung in diesem Bereich auch für reiche Nationen nicht zu bezahlen. Realistisch ist nur ein *»Mix«* von älteren und modernen Waffen. Technisch sind auch noch längst nicht alle Probleme gelöst, vor allem bei Waffen, die gegen Flugzeugschutzbauten eingesetzt werden sollen. Auch künftig wird man noch Bomben aus dem Bahnneigungsflug einsetzen müssen, die im Zielgebiet ein Hochziehen und damit ein Verlassen der Tiefflughöhe erforderlich machen. Die damit verbundenen Risiken sind wiederholt angesprochen.

Grundlagen der Bewaffnungsplanung

Es gibt daneben erhebliche planerische Probleme, die selbst für den interessierten Laien erkennbar sind, wenn in einem 1987 erschienenen *Wehrkunde*-Aufsatz über das Bewaffnungskonzept *1977* der Luftwaffe zu lesen ist, daß es die Grundlage für die *heutige* Bewaffnungsplanung gelegt hat, die *in den nächsten Jahren* realisiert werden soll. Vom Konzept bis zu seiner Realisierung vergehen also ein gutes Dutzend Jahre. Da kann es nicht verwundern, daß es nun erst einmal ergänzt, erweitert und aktualisiert werden muß – wobei man vor allem nach Wegen suchen will, wie eine möglichst zuverlässige, langfristige Prognose der »relevanten Zielkategorien« möglich ist. Es ehrt die Verfasser, daß sie nicht behaupten, sie hätten diesen Weg schon gefunden.[49]

---

49 Ernhofer, Erwin und Friedrich Ploeger, *Das Bewaffnungskonzept der Luftwaffe.* EWK/WWR 10/87, S. 579 ff.

Die Kombination Ziel-Träger-Waffe

Ein Kernanliegen des Bewaffnungskonzepts ist die Festlegung optimaler Ziel-Träger-Waffe-Kombinationen, wobei allerdings schon die Festlegung der Ziele auf außerordentliche, um nicht zu sagen unüberwindliche Probleme stößt. Um das an einem Beispiel zu verdeutlichen: von 900 Luftangriffsflugzeugen sei der von der Bundeswehr zu bekämpfende Anteil ein Drittel, also 300 Flugzeuge. Hiervon wird ein Teil der Luftverteidigung des Heeres zur Bekämpfung zugewiesen. Der Rest entfällt auf die Luftwaffe und muß aufgeteilt werden. Einige werden am Boden zerstört, andere fallen Jagdflugzeugen zum Opfer, die sie teils mit Lenkflugkörpern, teils mit der Kanone abschießen. Wieder andere werden »planerisch« von FlaRaketen getroffen, wobei man aus planerischen Gründen wissen müßte, wie oft die unterschiedlichen Systeme zum Schuß kommen. Hat man dann auch die jeweilige Erfolgswahrscheinlich möglichst zuverlässig prognostiziert (eine jede Rakete, die trifft ja nicht), steht *eine* wichtige Grundlage des Bewaffnungskonzeptes. Man kann sich der Frage zuwenden, ob das alles, was man für notwendig hält, auch bezahlbar ist. Eine einzige Luft-Luft-Rakete vom Typ AMRAAM kostet etwa eine halbe Million Mark.

Die Waffen im Depot

Auch der Nichtfachmann begreift, daß ein derartiges Konstrukt wenig mit exakten Berechnungen und viel mit Intuition zu tun hat. In normalen Zeiten eines »stabilen« Ost-West-Gegensatzes mag ein solches Bewaffnungskonzept auch noch zu vertretbaren Ergebnissen kommen, selbst wenn aus vielerlei Gründen die Realisierung nur sehr schleppend verläuft. Wenn aber, wie das jetzt in Wien geschieht, die Kräftegleichungen völlig neu definiert werden, dann können durch Unterschrift unter einen Vertragstext ganze Bewaffnungskonzepte zur Makulatur werden. Aus diesem Grunde tut man gut daran, der Lagebeurteilung die Waffen zugrunde zu legen, die vorhanden oder, technisch ausgereift und finanzierbar, in absehbarer Zeit zulaufen. Die »dummen« Waffen im Depot sind nun einmal mehr wert als die intelligenteste endphasengelenkte Submunition mit den unübersehbaren finanziellen und technischen »Restrisiken«. Und das bedeutet, daß eben noch längst nicht alle vorhandenen Waffen für den Angriff im Tiefflug optimal geeignet sind (was auch in der oben referierten niederländischen Studie zum Ausdruck kommt).

Ausbildung

Für die Ausbildung der Besatzungen stehen in der NATO deutlich mehr Flugstunden zur Verfügung als im Warschauer Pakt. Das wirkt sich auf den Anteil der Tiefflugstunden aus. Einschränkend muß jedoch gesagt werden, daß der Einsatztiefstflug nicht realistisch und auch nicht ausreichend geübt werden kann. Höhe und Geschwindigkeit sind Kompromisse zwischen den Anforderungen des Ernstfalls und den im Frieden durchsetzbaren Bedingungen, wie das im September 1989 beschlossene Tiefflugkonzept der Bundesregierung deutlich macht.

Nun kann man den Ausbildungsstand des fliegenden Personals gewiß nicht nur an der Tiefflugausbildung messen. Jede Art von anspruchsvollem Übungsflugbetrieb, ob es sich um Luftkampfübungen, Instrumenten-, engen Verbands- oder Hochleistungsflug handelt, bildet Fähigkeiten aus, die auf andere Situationen übertragbar sind. Wichtig ist – neben der Ausbildung rein fliegerischer Fähigkeiten – die Erziehung zu Selbständigkeit, Initiative und Urteilsvermögen, die im Westen eine große Rolle spielt, während in der Vergangenheit speziell in der Sowjetunion der Flugzeugführer straff von Bodenstellen aus geführt wurde und sich strikt an die jeweils befohlenen Verfahren und taktischen Musterlösungen hielt.

Entwicklung in der Sowjetunion

Ob dieses Bild noch der Wirklichkeit entspricht, muß man bezweifeln. Spätestens Mitte der 70er Jahre setzte in der offenen sowjetischen Literatur eine lebhafte Diskussion über taktische Konzepte und Ausbildung ein. Der Luftkrieg in Vietnam wurde ebenso ausführlich analysiert wie die Nahost-Kriege. 1978 veröffentlichte Oberst *V. Dobrow* eine Aufsatzreihe in der Zeitschrift »Luft- und Raumfahrt« unter dem Titel »Wie hat sich der Luftkampf verändert?« An diese Artikel schloß sich eine lebhafte Diskussion an, die sich auch mit der veränderten Rolle des Piloten seit den Zeiten der gelenkten Abfangjagd befaßte. Seit 1980 sind mindestens drei Bücher über Lufttaktik erschienen. 1981 veröffentlichte Oberst *A.B. Krasnow,* der als taktischer Vordenker sowjetischen Luftstreitkräfte gilt, ein Buch mit dem Titel *Jäger greifen an.* Er predigt Erziehung zu selbständigem Denken und warnt vor Schullösungen.

Den Angehörigen der Bundeswehr ohne Schwierigkeiten zugänglich sind die sorgfältigen Analysen der westlichen Presse von Oberst d.R. Dr. *Babitsch,* die in Übersetzung in der NVA-Zeitschrift »Wehrwesen« erscheinen.[50] Seinen Aufsatz über »Methoden der Gefechtshandlungen der Fliegerkräfte im Kampf um die Luftherrschaft« schließt er mit einer Forderung, die er (wie üblich) westlichen Militärs in den Mund legt:

> Die Ausrüstung der NATO-Luftstreitkräfte mit Präzisionswaffen erfordert auch nach Auffassung westlicher Militärs die Ausarbeitung einer logisch aufgebauten Theorie, die auf konkrete Wege des Kampfes um die Luftherrschaft, auf die *ständige Suche nach den effektivsten Methoden des Einsatzes* der modernen Flugzeugtechnik und -bewaffnung orientiert.

Mindestens in der theoretischen Diskussion sind die Sowjets auf der Höhe der Zeit. Ob das auch für die Umsetzung theoretischer Erkenntnisse in die Ausbildung gilt? Seit den spektakulären Vorführungen sowjetischer Testpiloten in Paris sind westliche Beobachter nachdenklich geworden.

Elektronischer Kampf

Viel wird in einem künftigen Konflikt davon abhängen, wer bei der elektronischen Kampfführung die Nase vorn hat. Dieser Bereich unterliegt aus verständlichen Gründen besonderer Geheimhaltung. Beide Seiten investieren enorme Mittel. Die Luftwaffe etwa hat ein eigenes Los *Tornado* für Aufklärung und elektronischen Kampf geordert;[51] die US Air Force beschafft seit längerem jährlich 2000 Exemplare des gegen Radargeräte wirkenden Flugkörper HARM zu einem Stückpreis von $ 200.000, was jährlichen Aufwendungen von DM 400 Millionen entspricht.[52] War bislang die Störung feindlicher Radars Spezialflugzeugen, den Wilden Wieseln, überlassen, wird die US Air Force bis Ende der 90er Jahre viele ihrer modernen Kampfflugzeuge mit Bordstörsystemen zum Selbstschutz ausrüsten (airborne self-protection jamming system, ASPJ). Die Entwicklung dieses Systems dauerte 20 Jahre. Auf dem Feld der als Drohnen bezeichneten unbemannten FLugkörper scheinen dem Erfindungsgeist der Ingenieure eben-

---

50 Siehe etwa W. Babitsch [Oberst d.R.], *Methoden der Gefechtshandlungen der Fliegerkräfte im Kampf um die Luftherrschaft*, Wehrwesen 11/86 S. 36 ff. und ders., *Probleme der Isolierung des Raumes der Gefechtshandlungen*, Wehrwesen 9/87, S. 60 ff. (Übersetzer F. Weiß). Eine gute Übersicht über die sowjetische Literatur auch bei Rana Pennington, *Closing the Tactics Gap*. AIR FORCE Magazine, 3/84, S. 83 ff.
51 Vgl. dazu Hartmut Guelzow, *The ECR Tornado*, AIR FORCE Magazine 11/87, S. 54 ff. Guelzow sieht als eine der Aufgaben des ECR-Tornados die Unterstützung von westlichen Jabos »undertaking the deadly task of going after targets in the enemy rear.«.
52 Nach AW&ST.

falls keine Grenzen gesetzt. Beispiele sind der »stille Regenbogen« (tacit rainbow), eine Drohne, die über einem Zielgebiet solange kreist, bis sie die Einschaltung eines Radargerätes auffaßt, dieses anfliegt und zerstört; oder die »Loralei«, ein Flugkörper, der von Kampfflugzeugen der nächsten Generation mitgeführt und bei Einflug in das Zielgebiet abgeschossen wird. Er fliegt dann in einiger Entfernung neben seinem Mutterflugzeug und soll feindliche Raketen (besonders hitzesuchende) auf sich ziehen.

Gegen einen *entscheidenden* Durchbruch der NATO auf diesem Gebiet sprechen neben den langen Entwicklungszeiten auch die enormen Kosten, die Vielfalt der im Warschauer Pakt vorhandenen Systeme, die gestört oder bekämpft werden müssen, aber auch dessen Fähigkeit, sich westliche Technologien anzueignen und relativ schnell umzusetzen.

Die Ausschaltung der Führungs- und Frühwarnkapazitäten des Warschauer Paktes könnte der NATO angesichts der wahrscheinlichen Bedeutung zentraler Führung auf der Gegenseite große Vorteile verschaffen. Aber man muß wohl damit rechnen, daß für einen solchen Fall autonome Verfahren vorgesehen sind, und bevor man sich hier Vorteile ausrechnet, wäre die Frage nach der eigenen Verwundbarkeit auf diesem Gebiet zu stellen.

Zusammenfassende Schlußfolgerung

Zieht man den Summenstrich nach Abwägung aller Faktoren, läßt man sich weder vom Denken in den Kategorien des schlimmsten Falles noch von unbegründetem Optimismus und schon gar nicht von einer va-banque Mentalität, sondern von der Suche nach der *Clausewitz'schen* Wahrscheinlichkeit leiten, dann erscheint unter den gegebenen Bedingungen die Chance, daß der offensive Kampf der NATO (OCA) gegen das Luftkriegspotential des Warschauer Paktes die gesetzten Ziele erreicht, als *eher gering*. Bleibt aber dem OCA-Einsatz der entscheidende Erfolg versagt, dann kann auch der Kampf gegen die zweiten Staffeln in der Tiefe des Raumes nicht gelingen.

Die wesentlichen Faktoren, die dieses Urteil stützen, sind in einer Übersicht zusammengestellt. *Für* die NATO und ihr Konzept sprechen vor allem die (noch) überlegene Technologie ihrer Waffensysteme, der hohe Ausbildungsstand ihrer Besatzungen und der langjährige Erfahrungsvorsprung bei fliegenden Frühwarnsystemen. *Dagegen* sprechen die Faktoren Raum, Zeit und Kräfte; die Härtung der Flugplätze, die zu einer dramatischen Herabsetzung der Verwundbarkeit von Flugzeugen am Boden geführt hat; schließlich die Tatsache, daß die NATO mit der Einsatzreife sowjetischer Frühwarnflugzeuge damit rechnen muß, daß der letzte Trumpf der Offensive im Tiefflug, die gedeckte und überraschende Annäherung an das Ziel, nicht mehr sticht.

Militärische Bewertungsmatrix

Aufwandswirksamkeit des offensiven Luftkrieges (OCA) der NATO (unter Nutzung des Tief- und Tiefstfluges)[1]

Faktoren	Auswirkung[2]		Bemerkungen
	positiv	negativ	
Historische Erfahrung		x	Israel im 6-Tage-Krieg präemtiv
Zeit/Überraschung		x	NATO greift nicht an
Raum/Lage		x	Ziele (Flugplätze) an Grenze des Aktionsradius
Kräfteverhältnis (quantitativ)			
- Jagdbomber		x	leichte Überlegenheit NATO nicht ausreichend
- Jäger		x	WP weit überlegen
- FlaRak/Flak (qualitativ)		x	WP weit überlegen (Technik/Ausbild./)
- Jagdbomber	x		
- Jäger	x		WP holt auf, Modernisierung bes. bei Jägern
- FlaRak/Flak		x	modern, große Vielfalt
Passiver Schutz		x	Flugzeuge in Schutzbauten nicht wirksam zu bekämpfen
Bewaffnung (L/B)	x	x	Moderne Waffen nicht ausreichend vorhanden
Frühwarn/Leit-Kapazität	x		WP holt auf (MAINSTAY)
ELOKA	x ?		Tiefflieger auch durch optisch gerichte Flak gefährdet
Taktik/Tiefflug	x	x	Vor- und Nachteile
Einsatzgrundsätze[3]	x		

1 Die Bewertung einzelner Faktoren ist unabhängig von der Taktik.
2 Die Wertungen der Matrix sollten im Zusammenhang mit dem Text gelesen werden. Wo sich positive und negative Auswirkungen die Waage halten, wurden beide Spalten angekreuzt.
3 Dazu werden hier gerechnet Verweigerung eines angriffsfreien Raumes (Sanktuarium), Zwang zu Aufwendungen für die Luftverteidigung und Reduzierung seines Sortieaufkommens

Die historische Erfahrung

Gegen die These, daß offensives Vorgehen des Schwächeren gegen den Stärkeren zum Erfolg führt, wenn dieser den Angriff erwartet, spricht nicht nur die Analyse der heute gültigen Faktoren, sondern auch die historische Erfahrung. Hätten die Briten im Falkland-Krieg sich mit ihren Flugzeugträgern in die Nähe der Küste begeben, um die argentinischen Luftstreitkräfte auf ihren Plätzen anzugreifen: die Katastrophe wäre sicher gewesen. Stattdessen nutzten sie Raum und Zeit zu ihren Gunsten und erfochten aus der Unterzahl in der Defensive einen beeindruckenden Sieg gegen einen tapferen und entschlossenen, zudem technisch gleichwertigen Angreifer.

Die Israelis brachen 1973 ihre Angriffe gegen die ägyptischen Flugplätze ab, weil Aufwand und Verluste in keinem vernünftigen Verhältnis zu den Erfolgen standen. Ihre OCA-Angriffe gegen Syrien erfolgten unter wesentlich günstigeren Bedingungen (geringe Entfernungen, Unterstützung durch eigene Landstreitkräfte, die den Rückzug des FlaRak-Gürtels erzwangen. Außerdem waren die Israelis an der *Golan*-Front, gemessen an der Zahl der geflogenen Einsätze, den Syrern weit überlegen.

Im Zweiten Weltkrieg gingen die Alliierten erst dann zum offensiven Luftkrieg über, als sie eine entsprechende Überlegenheit erreicht hatten. In der Luftschlacht von England nutzten sie ihren Heimvorteil voll aus und dachten nicht daran, etwa die Jäger- und Bomberplätze der Wehrmacht anzugreifen. Die Luftwaffe mußte den zwar mit gleichen oder sogar überlegenen Kräften, aber unter ungünstigen Bedingungen geführten Kampf schließlich abbrechen.

Am Neujahrstag 1945 startete die Luftwaffe mit rund 900 Flugzeugen ihre letzte große Offensive gegen Flugplätze der Alliierten in Holland und Belgien. Mit dem Unternehmen *Bodenplatte* gelang ihr sogar noch einmal die taktische Überraschung und die Zerstörung von 300-400 Flugzeugen am Boden. Ihre eigenen Flugzeugverluste bewegten sich aber in der gleichen Größenordnung *und* sie verlor 232 Flugzeugführer (tot, vermißt oder gefangen), darunter drei Kommodore, sechs Gruppenkommandeure und zehn Staffelkapitäne. Die Alliierten konnten ihre Materialverluste in wenigen Wochen ausgleichen, während sich die deutsche Tagjagd bis zum Kriegsende von diesem personellen Aderlaß nicht mehr erholte. Überlegenheit durch Offensive? Wohl eher Vabanque.[53]

---

53 BDM-Corporation, *Air Superiority*, a.a.O. S. 3-3.

»Naive« Fragen

Es blieb zwei englischen Zivilisten vorbehalten, in dem angesehenen RUSI-Journal die naive Frage zu stellen, ob unter den heutigen Bedingungen die NATO nicht besser daran täte, Luftüberlegenheit *im Luftkampf* anzustreben.[54] Der amerikanische Wissenschaftler Dr. *Perry McCoy Smith* ging der Frage nach, warum es in den amerikanischen Streitkräften so schwer ist, bestimmte Dogmen in Frage zu stellen:[55]

> »Ist eine militärische Doktrin einmal aufgestellt, dann ist es schwer, sie zu ändern ... Kritik führt gewöhnlich zu einer Unterminierung der Argumentation, die die Teilstreitkraft so sorgfältig für bestimmte Einsatzrollen und -aufträge innerhalb der nationalen Verteidigung entwickelt hat. Daher sind abweichende Meinungen unerwünscht, und der technologische Durchbruch, der eine etablierte Doktrin in Frage stellen könnte, wird oft ignoriert.«

Diese Kritik beruht auf Beobachtungn in den USA, in denen der Partikularismus der Teilstreitkräfte bekanntlich besonders ausgeprägt ist. Aber auch für andere militärische Großorganisationen gilt wohl der Satz von *Liddle Hart,* daß der Glaube an Dogmen die Stärke der Kirche und die Schwäche von Armeen ausmacht.

---

54 Clements, John and T.S. Manns, *Is the a Future for Ground-Attack?* RUSI Journal 2/87, S. 38. »Air supremacy..might more effectively gained by engaging the opposing air forces in air-to-air combat, as it takes longer to train a pilot than to produce another aircraft.«.
55 Zitiert nach Myers, Abriegelung in der Tiefe des Raumes, a.a.o. S. 7 (Übersetzung des Bundessprachenamtes).

15 Tiefflug und Rüstungskontrolle

Als der Verfasser im Januar 1989 in einer Diskussion der sicherheits- und rüstungskontrollpolitischen Lageentwicklung eher beiläufig anregte, über eine befristete Aussetzung der Tiefflugübungen in ihrer jetzigen Form in der Bundesrepublik nachzudenken, um auf diese Weise einen Beitrag zur Vertrauensbildung zwischen den Blöcken zu leisten *und* der eigenen Bevölkerung zu signalisieren, daß die Streitkräfte ihren Beitrag zur Vertrauensbildung leisten können, wurde dieser Vorschlag noch als unseriös abgetan.

Heute, ein Jahr später, ist auch für die größten Skeptiker absehbar, daß von den drei Hauptgründen für die offensiven Tiefflugkomponenten der NATO-Luftstreitkräfte mindestens zwei bei einem Erfolg der Wiener Verhandlungen wegfallen werden:
- die große Überlegenheit der Landstreitkräfte des Warschauer Paktes in Verbindung mit seiner Doktrin des staffelweisen Angriffs (aus der seine Invasions*fähigkeit* abgeleitet wird)
- und eine Streitkräftestruktur, die als *Beweis* für eine *offensive* Doktrin gilt (die die Sowjets nach ihren eigenen wiederholten Erklärungen längst aufgegeben haben).

Dabei ist noch nicht einmal berücksichtigt, daß nach den Entwicklungen im Ost»block« eine Reihe von Staaten auch objektiv nicht mehr mit ihren nominell noch vorhandenen Divisionen zum Angriffspotential der Sowjetunion – wenn es das noch gibt – hinzugerechnet werden können. Seit September 1989 haben wehrpflichtige junge Männer in Stärke von zwei bis drei Divisionen die DDR verlassen.

Der *dritte* Grund, der für die heutige Einsatzkonzeption angeführt wird, bleibt allerdings bestehen: danach ist die Offensive die stärkere Form der Luftkriegführung; wenn sie schon dem Schwächeren zum Erfolg über den Stärkeren verhelfen kann, läßt sie sich erst recht gegenüber dem künftig gleichstarken Gegner zum eigenen Vorteil anwenden.

Die Luftwaffe argumentiert daher auch[56], daß gerade dann, wenn Präsenz

---

56 Die Darstellung der Position der Luftwaffe stützt sich auf den in Anm. 47 genannten Aufsatz von Jungkurth *Die Rolle von Luftstreitkräften im Prozeß der Abrüstung* sowie Stabsabteilungsleiter Fü L III *Die Rolle von Luftstreitkräften im Rahmen konventioneller Rüstungskontrolle*, unveröffentlichtes Manuskript eines Vortrages bei der Informationstagung für Generale a.D. am 12. November 1988.

und Stärke der Streitkräfte im Laufe eines erfolgreichen Prozesses der Rüstungskontrolle insgesamt abnehmen, die geminderte Einsatzbereitschaft der *Landstreitkräfte* durch hohe Einsatzbereitsschaft präsenter Luftstreitkräfte ausgeglichen werden müsse. Gerade weil letzteren die »Invasionsfähigkeit«, also die Fähigkeit zum Nehmen und Halten von Territorium, fehle, seien sie besonders geignet, Abrüstungsoptionen zu erschließen und abzusichern. Weil sie ein nur geringes Bedrohungspotential besäßen, sollen Luftstreitkräfte auch ein geeignetes Mittel des *Krisenmanagements* sein. Zum Beispiel könne man durch die – ohne Mobilisierung mögliche – Erhöhung der Einsatzbereitschaft von Luftstreitkräften dem Gegner den eigenen Willen zur Verteidigung signalisieren, ohne daß er dies als bedrohlich empfinden müsse. Zugleich aber stelle diese Erhöhung der Einsatzbereitschaft die Angriffsoptionen des Gegners unter ein für ihn erkennbar hohes Risiko und trage damit zur Abschreckung bei.

Aus diesen Gründen – so die Auffassung der Luftwaffe – sollten Luftstreitkräfte erst am *Ende* eines sicherlich langwierigen Abrüstungsprozesses betrachtet werden, um nicht vitale Interessen des westlichen Bündnisses zu gefährden. In diesem Zusammenhang sei auch an den Erhalt der Fähigkeit zu denken, mit fliegenden Waffensystemen Träger für den *nuklearen Einsatz* zu behalten, die dem Gegner das Risiko für sein Kernland vor Augen führen können.

Folgt man diesen Argumenten, dürften Luftstreitkräfte und ihre Fähigkeiten zu offensiven Operationen weit im Hinterland des Angreifers auf längere Sicht in Rüstungskontrollverhandlungen nicht einbezogen werden. Tiefflug müßte wie bisher geübt werden.

Die Auffassung der Luftwaffe ist inzwischen von den Ereignissen weitgehend überholt. Am 13. Juli präsentierte die NATO in Wien eine Ergänzung ihres Vorschlages mit *Obergrenzen für Kampfflugzeuge.* Zwar sind auf diesem Gebiet noch eine Reihe von Problemen zu lösen. Drei Dinge scheinen in diesem Zusammenhang wichtig:
- Einmal die Erkenntnis, daß, wie der Inspekteur der Luftwaffe einmal feststellte, Abrüstung das subjektive Gefühl von Sicherheit auf *beiden* Seiten nicht gefährden darf.[57]
- Zum andern die Bereitschaft, die eigenen Fähigkeiten mit den Augen des Gegners zu sehen. Da werden Vorstellungen wie die vom »geringen Bedrohungspotential« der eigenen Luftstreitkräfte schnell relativiert.
- Schließlich die Einsicht, daß auch Luftstreitkräfte mit ihren Waffensystemen und Einsatzgrundsätzen einen Beitrag zu künftigen Strukturen

---

57 So auch Jungkurth a.a.O. S. 202.

leisten müssen, die die Verteidigung stärken und Angriffsfähigkeit soweit wie irgend möglich abbauen wollen, um auf diese Weise *gegenseitige* Sicherheit zu erreichen.

Die Zeit für ein Nachdenken über die strategischen Implikationen von Parität ist auch für die Luftstreitkräfte gekommen. Die Taktik des offensiven Tieffluges darf davon nicht ausgenommen werden.

16 Grundlinien einer neuen Konzeption

Von bestehenden Strukturen ausgehen

Neue konzeptionelle Überlegungen sollten die bestehenden Strukturen berücksichtigen. Sie bilden den Rahmen, in dem Neues gedacht und verwirklicht werden kann. Insbesondere die *integrierte* NATO-Luftverteidigung sollte bestehen bleiben. Ihr Wert kann militärisch und politisch nicht hoch genug eingeschätzt werden. Sie ist wesentliches Element gelebter Bündnissolidarität. Die Bundesrepublik Deutschland hat ein vitales Interesse, daß sich daran nichts ändert.

Abstimmung im Bündnis

Selbstverständlich müssen alle Veränderungen im Bündnis abgestimmt werden. Das gilt auch für den Bereich taktischer Grundsätze, die sich z.B. auf Art und Umfang der Tiefflugübungen auswirken. Schließlich vermögen Maßnahmen der Luftwaffe dieses Problem nicht entscheidend zu beeinflussen, weil sie nur zu einem Drittel zum gesamten Tiefflugaufkommen über der Bundesrepublik Deutschland beiträgt.

Zeitpunkt günstig

Der Zeitpunkt für einen konzeptionellen Neuansatz ist günstig. Einmal hat sich die Regierung für eine wesentliche Reduzierung des Tieffluges über der Bundesrepublik ausgesprochen. Einer solchen Verringerung können Luftwaffe und die übrigen NATO-Partner aber mit gutem Wissen nur entsprechen, wenn der Auftrag, auf dessen Erfüllung der Flugbetrieb vorbereitet, modifiziert oder in anderer Form als bisher wahrgenommen wird. Das Ziel einer wesentlichen Entlastung der Bevölkerung kann dabei nur dadurch erreicht werden, daß der Langsstreckentiefflug in der jetzigen Höhe von 500 Fuß drastisch eingeschränkt wird.

Zum anderen ist es das erklärte Ziel der Abrüstungspolitik beider Bündnisse, Streitkräftestrukturen zu schaffen, die zum Angriff nicht mehr geeignet, oder doch in der Verteidigung sehr viel stärker sind als in der Offensive. Bisher wurden zwar in diesem Zusammenhang überwiegend die Landstreitkräfte betrachtet. Aber die Ausdehnung des Prinzips der Nichtangriffsfähigkeit auf Luftstreitkräfte dürfte nur eine Frage der Zeit sein. Auch aus rüstungskontrollpolitischer Sicht steht daher die Überprüfung der offensiven Komponenten der NATO-Luftkriegführung ins Haus.

Beseitigung von Schwachstellen

Neben der Berücksichtigung der vorhandenen Strukturen einschließlich ihrer planerisch festgelegten Weiterentwicklung und rüstungskontrollpolitischer Gesichtspunkte muß ein konzeptioneller Neuansatz versuchen, die Schwachstellen des jetzigen Konzeptes zu beseitigen. Sie liegen darin, daß der Versuch unternommen werden soll, ausgerechnet die Ziele anzugreifen, die am besten geschützt und am stärksten verteidigt sind: die Flugplätze und Flugzeuge am Boden. Gleichzeitig verzichtet die NATO weitgehend auf die Nutzung der natürlichen Vorteile des Verteidigers (Raum und Zeit), wenn sie den Kampf um Luftüberlegenheit überwiegend offensiv führen will, anstatt ihre Stärke zu nutzen, die im defensiven Luftkampf gegen die feindlichen Luftstreitkräfte liegt.

Betonung der Defensive

Schon aus militärischer Sicht spricht viel dafür, angesichts der bestehenden Kräfteverhältnisse die Aufgaben des offensiven Kampfes gegen die feindlichen Luftstreitkräfte am Boden (OCA) und gegen die zweite strategische Staffel in der Tiefe (AI) künftig im Umfang deutlich zu beschneiden, wenn auch nicht völlig auf sie verzichtet werden sollte (Es sind, wie erinnerlich, diese Aufgaben, die das Eindringen in den Luftraum des Gegners und den Landstreckentiefflug erfordern und die damit wesentlich für Art und Umfang der Tiefflugübungen in der Bundesrepublik verantwortlich sind). Für eine Schwerpunktverlagerung zur defensiven Luftkriegführung spricht auch die folgende Überlegung: wenn künftig die große zahlenmäßige Überlegenheit des Warschauer Paktes in einem ersten einseitigen Schritt deutlich relativiert und schließlich ganz beseitigt würde, fällt die Notwendigkeit der Bekämpfung zweiter Staffeln tief im Hinterland des Gegners weg. Bei gleichen Kräfteverhältnissen müßten die NATO-Landstreitkräfte in der Lage sein, einen etwaigen Angriff abzuwehren. Fällt aber der Auftrag zur Bekämpfung der Folgestaffeln in der Tiefe weg, gibt es auch keinen zwingenden Grund mehr, den (nach der hier vertretenen Auffassung wenig aussichtsreichen) Versuch zu unternehmen, die Luftüberlegenheit über dem Gebiet der DDR und CSSR zu erkämpfen, was nach Lage der Dinge nur offensiv möglich ist. Schätzt man die Entwicklung der Lage so ein, können zeitlicher Umfang und Mindesthöhen des Tiefflugs über der Bundesrepublik Deutschland – bis zum Vorliegen weiterer Abrüstungsergebnisse vorläufig – neu bestimmt werden.

Vorleistung der NATO?

Man wende dagegen nicht ein, die Beschränkung des Tiefflugs sei eine einseitige und durch nichts gerechtfertigte Vorleistung der NATO. Der Verzicht auf eine militärisch riskante Option kann die Wirksamkeit der eigenen Kräfte nicht verschlechtern. Daß ein solcher Verzicht die Bedrohungsperzeption des Gegners positiv beeinflussen kann, ist ein Nebeneffekt, der gut zu dem beiderseitigen Bemühen um den Abbau von Angriffsfähigkeit paßt.

Reduzierung der offensiven Aufgaben

Die Hauptaufgaben der NATO-Luftstreitkräfte wären künftig der *defensive* Kampf gegen die feindlichen Luftstreitkräfte mit dem Ziel der Erringung einer günstigen Luftlage über dem *eigenen* Gebiet und die Unterstützung der eigenen Landstreitkräfte im Schwerpunkt eines feindlichen Angriffs durch Abriegelung des Gefechtsfeldes, also eine Einsatzart, bei der die Landstreitkräfte des Gegners nicht in der Tiefe des Raumes, sondern erst in der Nähe des Gefechtsfeldes bekämpft werden (in der NATO-Terminologie *Battlefield Air Interdiction*). Auch BAI-Einsätze können auf Tiefflug nicht verzichten. Dieser Tiefflug wäre aber auf kurze Zeiten und Entfernungen beschränkt. Der Übungsflugbetrieb könnte daher wesentlich eingeschränkt werden.

Daneben würde die Option des Angriffes in der Tiefe des gegnerischen Raumes in beschränktem Umfang beibehalten, jedenfalls solange sich die sicherheitspolitische Lage nicht grundsätzlich gewandelt hat. Aufklärungsflugzeuge wären nach wie vor bei ihren Einsätzen auf Tiefflug angewiesen. Für bestimmte hochwertige Ziele könnten sich Aufwand und Risiko einer offensiven Operation nach wie vor lohnen, etwa wenn Flugplätze ohne Schutzbauten mit Verstärkungskräften belegt werden. Ein nicht zu unterschätzender Vorteil weitreichender Tiefflugoptionen ist der Zwang für den Gegner, erheblichen Aufwand für seine Luftverteidigung zu treiben und sich bei allen Operation stets auf die Bedrohung seines Hinterlandes aus der Luft einzustellen. Sein eigenes Gebiet wäre für ihn kein Sanktuarium, in dem er sich sicher fühlen kann.

Rüstungsplanung der Luftwaffe liegt im Trend

Die künftige stärkere Betonung der Luftverteidigung erfordert in der Bundeswehr keine Umorientierung im Bereich der fliegenden Waffensysteme. Mit der Entwicklung des *Jäger 90* und der ohnehin vorgesehenen Kampfwertsteigerung der *Phantom* (Radar und Luft-Luft-bewaffnung) sind die Weichen für eine Stärkung der Luftverteidigung seit längerer Zeit gestellt. Auch die laufende Beschaffung moderner FlaRak-Systeme paßt in dieses Konzept. Die Luftwaffe liegt mit ihrer Rüstungsplanung durchaus im Trend. Allenfalls bei der Beschaffungsplanung von Abwurfwaffen wären Veränderungen vorzunehmen und Prioritäten neu zu setzen. Angesichts knapper Ressourcen dürfte diese Entscheidung keine unüberwindlichen Schwierigkeiten bereiten.
Bei der Rüstungsplanung verbündeter Streitkräfte trifft es sich gut. daß die von einer Reihe von Nationen beschaffte F-16 für den Einsatz als Jäger und als Jagdbomber gut geeignet ist, was die Änderung konzeptioneller Schwerpunkte begünstigt. Von Vorteil wäre eine stärkere Spezialisierung der nationalen Luftstreitkräfte je nach dem vorhandenen Fluggerät.

Das Problem der Freund-Feind-Kennung wird gelöst

Mit dem Übergang auf eine Konzeption, die den Luftkrieg ganz überwiegend defensiv auf eigenem Territorium führt, könnte ein weiteres Problem besser gelöst werden: das der rechtzeitigen und zuverlässigen Unterscheidung zwischen Freund und Feind. Solange eigene Kräfte über feindlichem Territorium nicht eingesetzt werden, können alle aus Richtung Osten anfliegenden Ziele automatisch als feindlich eingestuft und mit allen vorhandenen Mitteln bekämpft werden. Wer weiß, wie lange die NATO schon nach einer sicheren, zufriedenstellenden und finanzierbaren Lösung des Identifizierungsproblems sucht, wird diesen Vorteil nicht gering einschätzen.

Die Logik der Rüstungskontrolle

Hätte sich sicherheitspolitisch nichts geändert, es gäbe gute Gründe, ein Tiefflugkonzept aufzugeben, dessen Risiken selbst bei optimistischer Betrachtung sehr viel größer sind als die Erfolgschancen. Schon Friedrich der Große wußte ja, daß alle Umstände die Führung bestimmen müssen, sich nach ihren Mitteln zu richten und *einen ausführbaren Plan einem glänzenden vorzuziehen.* Heute, wo beide Bündnisse gegenseitige Sicherheit anstreben und den Abbau von Angriffsfähigkeit betreiben wollen, wo in den Demokratien des Westens es sowohl wichtiger als auch schwieriger geworden ist, Bürger von der Notwendigkeit angemessener Verteidigungsanstrengungen zu überzeugen, sprechen militärische, rüstungskontrollpolitische und innenpolitische Gründe dafür, die auf Tiefflug angewiesenen offensiven Komponenten unserer Konzeption aufzugeben. Es liegt in der Logik des Prozesses von Rüstungskontrolle und Vertrauensbildung, auf den Abbau der Invasionsfähigkeit einer Seite mit dem abgestuften Verzicht auf offensive Komponenten der Luftkriegführung der anderen Seite zu antworten.

Thomas Nielebock
Freiheit für Atomwaffen oder Atomwaffenfreiheit?

Das Verlangen von Nichtkernwaffenstaaten nach negativen Sicherheitsgarantien und die Haltung der Kernwaffenstaaten

In der Studie wird die Reichweite der heute gewährten negativen Sicherheitsgarantien untersucht und es werden die Gründe dafür benannt, warum die Kernwaffenstaaten nicht zu einer befriedigenden Regelung bereit sind. Dazu werden die Positionen der einzelnen Kernwaffenstaaten zu dieser Art von Verfügungsbeschränkung, die diplomatischen Bemühungen im Rahmen der Genfer Abrüstungskonferenz und der Vereinten Nationen sowie die vertraglich vereinbarten negativen Sicherheitsgarantien für die atomwaffenfreien Zonen in Lateinamerika und im Südpazifik analysiert. Die Arbeit beinhaltet auch einen Vorschlag zur Überwindung der inhaltlichen Schwierigkeiten. Dieser Vorschlag wird in Zusammenhang gebracht mit einer Neuformulierung einer Politik der Nichtverbreitung von Atomwaffen, die spätestens mit dem Auslaufen des Atomwaffensperrvertrages 1995 ansteht. Der Abschluß der Studie ist der Frage gewidmet, inwieweit negative Sicherheitsgarantien überhaupt glaubwürdig sein können. Dazu werden das atomare Drohverhalten der beiden Supermächte analysiert sowie die Möglichkeiten der Verifikation und einer Bekräftigung durch atomare vertrauensbildende Maßnahmen erörtert.

1989, 338 S., brosch., 49,– DM, ISBN 3-7890-1896-1
(Militär, Rüstung, Sicherheit, Bd. 57)

NOMOS VERLAGSGESELLSCHAFT
Postfach 610 • 7570 Baden-Baden

Horst Afheldt
Der Konsens
– Argumente für die Politik der Wiedervereinigung Europas –

Spezifische militärische Strukturen, spezifische Militärstrategien und Abschreckungsdoktrinen dienen jeweils spezifischer Politik. Die derzeitige Militärstruktur von NATO und Warschauer Pakt mit den dazugehörigen Kernwaffenarsenalen und die nukleare Eskalationsstrategie der „flexible response" sind Teil der Machtprojektion der beiden Supermächte USA und Sowjetunion. Sie stabilisieren die Teilung Europas zwischen diesen beiden Mächten gegen Veränderungen, seien sie turbulent, seien sie friedlich.

Reduzierung der Rolle von Kernwaffen auf Abschreckung der Kernwaffen des Gegners, Entfernung der Kernwaffen der Supermächte vom Boden Zentraleuropas und Aufbau einer Militärstruktur mit wechselseitiger Verteidigerüberlegenheit der konventionellen Streitkräfte würde die Überwindung der Teilung Europas erlauben und sichern. Die so geförderte multipolare Mächtestruktur würde langfristig einer wirksamen Weltfriedensordnung mit einer zentralen Instanz zur Regelung der Konflikte dienen, dem Ziel von Völkerbund und UNO.

1989, 240 S., brosch., 44,– DM, ISBN 3-7890-1885-6
(Militär, Rüstung, Sicherheit, Bd. 56)

NOMOS VERLAGSGESELLSCHAFT
Postfach 610 • 7570 Baden-Baden

Heinz Brill (Hrsg.)
Bogislaw von Bonin im Spannungsfeld zwischen Wiederbewaffnung – Westintegration – Wiedervereinigung

Band II: Beiträge zur Entstehungsgeschichte der Bundeswehr – DOKUMENTE UND MATERIALIEN –

Der vorliegende Band ergänzt die in der Studie (Bd. 1) dargelegten Problemkreise durch Dokumente und Materialien.

Die Reden und Aufsätze Bonins im Original zeigen eindringlich, mit wieviel Engagement dieser Mann sich mit den Grundfragen der deutschen Sicherheitspolitik auseinandergesetzt hat.

Das Themenspektrum reicht von der „Juli-Studie" (1954) über die Denkschriften „Wiedervereinigung und Wiederbewaffnung – kein Gegensatz" und über Stellungnahmen der SPD zum Bonin-Plan bis zum Aufsatz „Kursk – Ein Modell für die Verteidigung der Bundesrepublik Deutschland", den Bonin 1966 veröffentlichte. Eine besondere Bereicherung der Dokumentation sind die zahlreichen Stellungnahmen von Militärexperten zu den „Bonin-Plänen".

Damit wird der z.Zt. in der Bundesrepublik Deutschland geführten „Strategiediskussion" durch Erschließung der „historischen Komponente" eine oft verdrängte und fast vergessene Perspektive hinzugefügt.

Studie und Dokumentation verdeutlichen, daß Bonin zu den wenigen originellen strategischen Denkern in unserem Lande gehört. Darüber hinaus vermitteln die beiden Bände nützliche Informationen und Einblicke in die Frühphase „westdeutscher Sicherheitspolitik" und leisten damit einen Beitrag zur Zeitgeschichte.

1989, 357 S., brosch., 89,– DM, ISBN 3-7890-1828-7
(Militär, Rüstung, Sicherheit, Band 52)
Herausgegeben von Dr. Dieter S. Lutz, Stellv. Wissenschaftlicher Direktor des Instituts für Friedens- und Sicherheitspolitik an der Universität Hamburg

NOMOS VERLAGSGESELLSCHAFT
Postfach 610 • 7570 Baden-Baden

Heinz Brill

Libyens Außen- und Sicherheitspolitik
Moamar el Gaddafis Motive und Visionen

Eine ausführliche Beschreibung und Analyse ist Gaddafis arabischen Einigungsbestrebungen gewidmet. Daran anschließend werden in der Studie »Libyens Expansionsbestrebungen und Grenzkonflikte« seit der Revolution aufgezeigt, wobei den bewaffneten Konflikten in Tschad und in der Großen Syrte besondere Aktualität zukommt. Gaddafis Anspruch auf die »Große Syrte« als libysches Hoheitsgewässer wird auf der Grundlage des neuen Seevölkerrechts einer eingehenden Prüfung unterzogen. Es werden aber auch die zahlreichen Konfliktfelder deutlich, die das neue Seerecht hinsichtlich der Abgrenzungen des Festlandsockels und der ausschließlichen Wirtschaftszonen im Mittelmeer aufwirft. Ferner werden die Beziehungen Libyens zu den USA und der Sowjetunion nachgezeichnet. Hierbei wurde der Herausarbeitung der Ursachen des Konfliktes zwischen Libyen und den USA und der Diskussion um Libyens Aufnahme in den Warschauer Pakt zentrale Bedeutung eingeräumt. Im Schlußteil der Studie werden die Beziehungen Libyens zu Italien, Spanien, Griechenland und zur Bundesrepublik Deutschland behandelt.

1988, 138 S., brosch., 39,- DM, ISBN 3-7890-1585-7
(Militär, Rüstung, Sicherheit, Band 53)

NOMOS VERLAGSGESELLSCHAFT
Postfach 610 · 7570 Baden-Baden

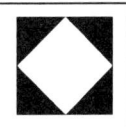

Reimund Seidelmann (Hrsg.)
Auf dem Weg zu einer westeuropäischen Sicherheitspolitik

Seit dem Erscheinen eines ersten Sammelbandes zur Europäisierungsdebatte, der auf eine Tagung des Arbeitskreises Europäische Integration e.V. zurückging (Brock/Jopp, Sicherheitspolitische Zusammenarbeit und Kooperation der Rüstungswirtschaft in Westeuropa, Baden-Baden 1986), ist die politische Entwicklung weitergegangen. Die Wende in der amerikanischen und sowjetischen Sicherheitspolitik hat neue Bedingungen geschaffen, die Aktivitäten der WEU und der EG haben im Europäisierungsprozeß neue Akzente gesetzt und die Bewußtseinsbildung in Sachen westeuropäische Sicherheitspolitik ist weitergegangen. Hinzu kommen neuere wissenschaftliche Studien zur europäischen Sicherheit, die Licht auf die inhaltlichen Voraussetzungen einer Europäisierung werfen und die neue Fragen stellen. Daher ist eine Fortsetzung der Diskussion in einem neuen Sammelband sinnvoll und notwendig. Dabei liegt der Schwerpunkt des neuen Werkes auf den Bedingungsstrukturen für die Herausbildung einer westeuropäischen Sicherheitspolitik, auf den inhaltlichen Schwerpunkten einer solchen Rüstungs-, Verteidigungs- und Rüstungskontrollpolitik sowie auf den notwendigen Institutionen und auf den möglichen Auswirkungen einer vergemeinschafteten westeuropäischen Sicherheitspolitik.

Der Sammelband soll zur weiterführenden wissenschaftlichen Kritik anregen und einen Beitrag leisten, zwischen der europapolitischen, sicherheitspolitischen und friedenspolitischen Diskussion Brücken zu schlagen. Er soll nicht zuletzt auch die politische Debatte versachlichen und damit vorantreiben, inhaltliche Zusammenhänge verdeutlichen und Perspektiven zur Diskussion stellen.

1989, 384 S., Salesta brosch., 49.- DM, ISBN 3-7890-1734-5

NOMOS VERLAGSGESELLSCHAFT
Postfach 610 · 7570 Baden-Baden